JN223641

経営者勉強シリーズ III

集客の新理論

レバレッジ経営が生き残りのカギ！

ものづくり補助金情報中心
経営革新支援認定機関
中小企業診断士・社会保険労務士
西河　豊

三恵社

はじめに

　結論から申し上げます。
本書の主題は新たな集客法ですが考える際の最大のポイントは、第２章のレバレッジのかけ方です。
市場は拡大しません。平行線でもありません。大きく縮小していきます。
これは、今後の人口構造から考えて、いかに考えても、いかに努力しても厳然たる事実なのです。
もうひとつ大きな事実があります。それは、働き手も簡単に集められなくなるということです。
これは我が国が初めて遭遇する事態で考え方を１８０度変えないと経営の維持継続は不可能になります。
戦後の焼け野原の時代でさえ市場拡大の希望と働き手確保の見込みはあったのです。
この２つの事実より、単純拡大戦略はいずれ行き詰まります。一瞬、ブレイクしたとしても長期で見るとこの２つの現実がじわじわと襲いかかってきます。
では、どう考えるか、ローコストで回す仕組みを考えて、集客も行うということです。
このローコスト方式で２～３億の市場を捉まえたなら採算は成り立ちます。
いや、言い方を変えましょう。今の成熟消費社会では、いかなる商品・サービスも既にあり、２～３億で止まります。大きな隙間がないのです。
この２～３億の市場をニッチ市場と言います。
この市場にレバレッジをかけた手法で臨むのです。それには少人数スタッフで、採算の取れるユニットを形成するのが大前提です。
これからの集客ではレバレッジ効果を狙った対策が必須です。
レバレッジとは、マンツーマンでサービスを受けているように感じさせる少人数で回すシステム化（本書ではモジュラー化という言葉で解説しています）された経営です。思い切った言葉を使うと消費者に幻想を起こさせる手法です。

この仕組み化、効率化を考えないと例え、売上が発生したとしてもコスト増でやられます。そして、人口減少社会では今あるお客様も消えるかもしれない対象なのです。
ＡＭＡＺＯＮで、本を買うとレコメンドと言って、過去履歴や年齢・性別などから見た次の推奨商品（書籍）を画面に出してくる仕組みが分かりやすい形です。
あれは、裏でマンパワーで作業しているわけではありません。
しかし、システムが推奨しているのに感情を持って反応してしまうのです。
そのような仕組みをいかに作るかが今回最も解説したいポイントです。

新たなスキームは消費者・ユーザーとの接点（インターフエイス）があることが前提です。そこでＢ２Ｂ事業所はどういう考えを持って臨むべきか、また、どういうステップで川下の消費者ニーズを吸収して行くべきかを３８Ｐに特別に章を設け説明しました。
語句の定義について、Ｂを事業所、Ｃを消費者、あるいは最終ユーザーとして、本書では、事業所から事業所に売る場合、Ｂ２Ｂとして、事業所からあるいは最終ユーザーに売る場合をＢ２Ｃと略しています。

第６章では、ソフトの重要性を示すのに商品コンテンツをと言う言葉を使い、販売のスキーム、テクニックより上位であると解説しています。
これは、今後、消費はますます冷えるとの予測から、商品の内容が最終の決め手となると予測していると言うことです。
また、ベンチマーキングの手法が、発達して、宣伝のコピーでも、ネーミングでもひとつヒットすれば、直ぐに類似のものが。世の中に氾濫すると言う合成の誤謬現象が表れ、真剣に売ろうとするが故に、似たものだらけの世の中になり消費者が辟易すると言う状況が見えてきているからです。

第１１章の店舗論に置いても、ネットによるつながりを意識しつつ、商圏を広く取り来店・リピートを促す店舗スキームの設計を提唱いたしました。店舗を作る際に細部まで間違いを起こさないように注意点を纏めました。

ショップに置いては、一元の客が店頭の魅力で、店舗内に入ると言うケースもあり、ネット通販のようにネットでのつながり論のみで完結するのは無理があると思われます。
しかし、そのようなネット集客思考も取り入れていかないと、今後の人口減少社会では地域マーケテイングのみで損益を成り立たせるのは、無理な時代になってくると思われます。

全体としてマーケテイング論をアカデミックに纏めることに腐心しました。
これからはマーケテイングの各要素を理解して、総合的にブラッシュアップして行かねば、これだけやっておけば、集客は大丈夫というような甘い状況ではありません。
世の中には１つの要素、１つの戦術を取り、「これさえやっておけば大丈夫」というような本が氾濫していますが、それらの本につい頼ってしまうのは、事業者の心の弱さを映しています。

なお、理論の各箇所の最後にケーススタデイを入れていますが、読んでイメージが湧くように比較的大手の事例で掲載しています。

今回は特別プレゼントとして最後に元気の出る小説を載せています。
本書をよく読み内容を理解していただいた方には意図が分かるように構成しています。

御社の戦略が光り輝くことを祈念しています。

ものづくり補助金情報中心
経営革新支援認定機関
中小企業診断士・社会保険労務士

集客の新理論　～レバレッジ経営が生き残りのカギ！～

目次

はじめに　・・・・・・・・・・・・・・・・・・・・・・・・・・・・・3
第１部　新集客論　・・・・・・・・・・・・・・・・・・・・・・・・・11
第１章　新集客論　・・・・・・・・・・・・・・・・・・・・・・・・12
１．認識すべき環境変化　・・・・・・・・・・・・・・・・・・・・12
２．中小企業が置かれているマーケティング環境　・・・・・・・・16
３．将来の流通環境予測　・・・・・・・・・・・・・・・・・・・・21
４．従来の論理が通用しなくなった　・・・・・・・・・・・・・・・23
５．新集客論　・・・・・・・・・・・・・・・・・・・・・・・・・・28
６．新集客論に必要な要素　・・・・・・・・・・・・・・・・・・・34
７．新集客法対応に特別な業種類型　・・・・・・・・・・・・・・・38
第２章　レバレッジ論　・・・・・・・・・・・・・・・・・・・・・・42
１．ＰＵＬＬ型レバレッジ　・・・・・・・・・・・・・・・・・・・43
２．ＰＵＳＨ型レバレッジ　・・・・・・・・・・・・・・・・・・・45
３．商材レバレッジ　・・・・・・・・・・・・・・・・・・・・・・・48
４．コンテンツ販売レバレッジ　・・・・・・・・・・・・・・・・・50
５．業態シフトによるレバレッジ　・・・・・・・・・・・・・・・・52
６．他資金活用レバレッジ　・・・・・・・・・・・・・・・・・・・54
７．コラボモデル　・・・・・・・・・・・・・・・・・・・・・・・・58
８．モジュラー化モデル　・・・・・・・・・・・・・・・・・・・・60
９．他者経営レバレッジ（フラインチャイズシステム）　・・・・・62
１０．専門家ネットワーク　・・・・・・・・・・・・・・・・・・・66
１１．センター集中レバレッジ　・・・・・・・・・・・・・・・・・68
１２．組み合わせモデル　・・・・・・・・・・・・・・・・・・・・69

第３章　集客モデル検証　・・・・・・・・・・・・・・・・・71
１．与沢翼の秒殺モデル　・・・・・・・・・・・・・・・・71
２．神田昌典のＶ字理論　・・・・・・・・・・・・・・・・72
３．プロダクトローンチ　・・・・・・・・・・・・・・・・73
４．ロングテール戦略　・・・・・・・・・・・・・・・・・73
５．マーケティングオートメーション（ＭＡ）　・・・・・・・・74
６．ネットワークビジネス　・・・・・・・・・・・・・・・75
７．データドリブンマーケティング　・・・・・・・・・・・76
第４章　生産性向上と集客の接点　・・・・・・・・・・・・78
１．生産性向上と集客の接点考察　・・・・・・・・・・・78
２．生産性向上のケーススタデイ　・・・・・・・・・・・81
第５章　新集客法での不可欠要素　・・・・・・・・・・・・82
１．ローコストオペレーション　・・・・・・・・・・・・82
２．見えにくさ　・・・・・・・・・・・・・・・・・・・・83
３．企業コンプライアンス　・・・・・・・・・・・・・・85
４．ハイタッチ　・・・・・・・・・・・・・・・・・・・・88
５．マーケテイングパラノイヤ回避　・・・・・・・・・・89

第２部　商品コンテンツ開発の手法　・・・・・・・・・・・・・91
第６章　コンテンツとスキーム　・・・・・・・・・・・・・92
第７章　Ａ／Ｂテストとデザイン思考　・・・・・・・・・・97
１．Ａ／Ｂテスト　・・・・・・・・・・・・・・・・・・・97
２．デザイン思考　・・・・・・・・・・・・・・・・・・・98

第３部　集客資産とショップ論　・・・・・・・・・・・・・・101
第８章　集客資産の考え方　・・・・・・・・・・・・・・・102
第９章　集客資産各論　・・・・・・・・・・・・・・・・・106
１．ホームページなどのサイト　・・・・・・・・・・・・107

２．画像ツール ・・・・・・・・・・・・・・・・・・・・108
３．動画ツール ・・・・・・・・・・・・・・・・・・・・108
４．ＳＥＯ ・・・・・・・・・・・・・・・・・・・・・・109
第１０章　ショップ環境 ・・・・・・・・・・・・・・・・・111
１．飲食業 ・・・・・・・・・・・・・・・・・・・・・・111
２．サービス業 ・・・・・・・・・・・・・・・・・・・・112
３．物販業 ・・・・・・・・・・・・・・・・・・・・・・112
４．ショップ共通の脅威 ・・・・・・・・・・・・・・・・112
５．ランクアップ別施策 ・・・・・・・・・・・・・・・・113
６．世帯での消費支出の鬩ぎ合い ・・・・・・・・・・・・115
第１１章　ショップ投資 ・・・・・・・・・・・・・・・・・117
１．店舗投資 ・・・・・・・・・・・・・・・・・・・・・117
２．基本店舗設備 ・・・・・・・・・・・・・・・・・・・122
３．商業施設管理 ・・・・・・・・・・・・・・・・・・・123

第４部　新時代の財務管理 ・・・・・・・・・・・・・・・・135
第１２章　新時代の財務管理 ・・・・・・・・・・・・・・・136
１．財務管理手法 ・・・・・・・・・・・・・・・・・・・136
２．財務指標 ・・・・・・・・・・・・・・・・・・・・・138
３．管理帳票 ・・・・・・・・・・・・・・・・・・・・・139

第５部　中小企業施策との関係性 ・・・・・・・・・・・・・143
第１３章　中小企業施策との関係性 ・・・・・・・・・・・・144
１．集客スキームの構築と補助金・助成金の関係 ・・・・・・・・144
２．経営力向上計画・経営革新計画との関係性 ・・・・・・・・・146
３．金融機関の事業可能性評価制度（２０１７年度より） ・・・・146
４．ではどうしたら良いのか ・・・・・・・・・・・・・・149

第６部　ケーススタディとＳＴＯＲＹ　・・・・・・・・・・・・・・・・・・151
第１４章　ケーススタディ　・・・・・・・・・・・・・・・・・・・・・・152
１．ケーススタディ　ガイダンス　・・・・・・・・・・・・・・・・・・152
２．ケーススタディ　・・・・・・・・・・・・・・・・・・・・・・・・・156
第１５章　STORY　未来の釣り糸　・・・・・・・・・・・・・・・・・・165

おわりに　・・・・・・・・・・・・・・・・・・・・・・・・・・・・・・・・172

分担執筆部分

今回は西河も参加している中小企業診断士有志の会のＣＣサークルメンバーの専門家の知識と情報力を借りました。

第１章　新集客論　４．将来の流通環境予測は、中小企業診断士、橘高唯史が基礎レポートを起こし、著者、西河が纏めました。

第１１章　ショップ投資　３．商業施設管理は、中小企業診断士　中本悠介が執筆しました。

第1部

新集客論

第１章　新集客論

では、本書の核となるところの新集客論の解説です。
この理論につきまして第２巻の「中小企業戦略の新理論」で先にざっと解説しました。

そこで、本書ではなぜ、そうなるのかの流通環境の現状・未来分析の部分と、レバレッジ論を分厚く解説しています。
なぜ、そうなるのかという外部環境激変部分については次のアクションを起こす動機部分になると思うからです。
では、旧マーケティング理論が通用しなくなる大きな環境変化を纏めて行きます。

１．認識すべき環境変化

企業を取り巻く外部環境から説明します。
(1)受給関係のバランスが崩れる
これは、人口動態において、生産年齢人口が減り、高齢者が増えるということとリンクしますが、４０％を占める高齢者がおり、年金支給年齢に引き上げより、一定数は働かねば食べていけない状況が来ます。
その働く高年齢労働者グループは需要供給で言うと供給側、買って貰わねばならない側になります。
これに対して、買う側の日本人世帯の財布は細っていきます。これは後述します。
この現象は文化マーケットの市場において特に顕著になり、音楽・出版など表現したい側が増え、それを享受する人、見る人の方が相対的に減っていきます。
地方においても、このアンマッチング傾向が顕著になります。
災害被災イメージが定着してきているので、今後は地方においても電鉄沿線上に人は寄り添って住むようになります。駅前マンションが売れているのがその兆候です。ランチェスターの理論はマンツーマンでのマンパワーの営業をベースとしています。しかも、大手の行かない僻地ほど良いとされているのですが、そのマーケットしたエリアの個人世帯、事業所ともに減っていくのですからこの考え方はこれから通用しなくなります。この環境要因については、規模の小さい事業所の方が、抱えている固定費（人件費含む）の少なさと機動的に動ける分対応は取りやすいでしょう。これも後述します。

⑵生産年齢人口減少によりスタッフの採用難が起こる

まず、次の事実を重く捉えてください。

これからは忙しい時だけ来て貰うような雇用条件では、人は採れません。

小規模事業所の多くは仕事の繁簡の差に悩んでいます。

地域商業の最近の廃店の理由は、これなのです。売上不振ではないのです。

例えば、地方にイオングループがＧＭＳとして地方に進出することになると、女性労働力を一気に持っていきます。

時給が１，０００円付近で、働く姿も様になるイオングループに御社は採用時の魅力で勝てますか？

このようにチェーン店が、地域需要の消費力だけではなく労働力も持っていく時代となるのです。

勘違いの主張は安易に外国人労働力のイミグレーション（輸入）で安易に解決策を言うことです。

コンビニで働いている外国人は留学生の時間外労働で、あくまで入国の目的は学業です。

未だに我が国は短銃労働での入国を禁じていて、専門職等に限っています。

また、研修誘致も一時引き受け団体は商工会議所などの公的機関に限定しています。

今後の生産年齢人口減少に際して政府に働きかけてと思う人には次のことを考えてください。

その外国人の住むところはどうしますか？

様々な表示類は今のままで対応できるでしょうか？

我が国はここまでは、観光誘致はしながらも労働では純血主義をとってきました。

その意味で、我が国は職場のグローバル化に対応してこなかったのです。
特に世界人口の３分の１と言われるイスラム圏の人は食の習慣も違います。
ここを本格的にグローバル化しようとすると国家にも企業にも社会資本整備コストがかかるのです。
問題点として、政府に課題として大きくのしかかっているのが、「これ程の採用難の時代が到来しているのに、雇用条件の主流は非正規社員」という事実です。
この事実において、私は採用側を否定しません。
それだけ、自社の将来ビジョンが読めないということです。
正社員と言う概念がその人の終身雇用を意味するならば、根本的に正社員化は無理な契約方式である時代になって来ているのかもしれません。

(3)諸コストは間違いなく上がる、単純な物販業は成り立たなくなる
ここで、労働者も人件費と言う面から見るとコストに入ります。（その労働者の有み出す付加価値部分はソフト部分ですので、コストはかかりません）
原材料費もコストアップして行くでしょう。
コストアップで立ちゆかなる騒ぎが現在、起こっていないのはたまたま原油安でかろうじて体裁を保てているのです。
粗利３０％以下の物販業は今後苦しくなると思われます。
ショップ論もその前提で説明しています。（第１１章参照）
より以上に細かい階段で顧客に来店して貰う仕組み作りが必要になります。

商品の構成で、ハード部分のウエイトが高い卸売業、小売業は限りなく利ザヤが薄くなります。
その少ない利ザヤが為替、消費税などの影響を受けます。
商品のソフト化が必要と言うことはこういう点からも言えます。
なぜ、商品のソフト化が必須になるのかを説明します。
表側から解説するとその部分が付加価値部分でアイデアであるということです。
ここは、理解できると思うのですが、もう一方の方から説明します。

もの（ハード）の売り買いをしている時点では、金融の取引をしていることに近くなってしまうのです。
流通の発達していない時代では、それでも意味がありました。
しかし、商品の取り扱い上、それが自由な取引となった時代では、そこに取引の優位性はありません。国際間であっても、です。
資金力さえあれば、誰でも出来ることと見なされるのです。
特に先進国は新興国の安い商品に圧される現象が起こります。
ハードのやり取りは、金融の利率に収斂していきます。
よって先進国では、事業利益も金融資産の利回りも異常に低下しているのです。
私の前職は金融機関勤務ですがちょうど就職した３５年ほど前は新型定期預金という定期種類に預ければ当時のマル優枠利用で３年福利で１．２倍になりました。
時代も変わったものです。

⑷国民の財布は確実に細る
中小企業経営に与える影響の最後です。
心理経済学という言葉が流行りました。
これは、期待効果を感じるかどうかで消費支出が変わってくると言うことですが、数値的な換算が計りにくいという面があります。
第２巻で海外進出時のポイントについて述べました。
海外で庶民層が日本の車、バイクを給料で買えるかどうかについて真剣に考えすぎないことと説明しました。ここをデータで捉えすぎると一般市民の給料では買えないという結論になってしまいます。
かなり借金をして買っていると言うことです。
それは、未来に期待がある発展途上国の経済心理学ということになります。
振り返って我が国は高齢者が資産を守りに入ります。
若年労働者は
・非正規が多い
・終身雇用制が崩れ先の給与の保証がない

ということで、心理的に財布が細って行くのです。
ここで、対応策の先出しを少しだけしますが、中小企業の商材は定番品ではなくニッチな特定のウオンツに絞るべきです。
ヒットしすぎた定番品は一気にベンチマーキングという手法で類似商品がマーケットに溢れます。そうなると以前なら比較購買して買われ、市場は成熟して行ったのですが、今は逆にもう要らないとなります。
市場に商品（CM）が溢れると心理的に細った財布の状態では消費者は逆に防衛本能が働くからです。

認識すべき外部環境纏め
●受給関係のバランスが崩れる
●生産年齢人口減少による採用難が起こる
●諸コストは間違いなく上がる、ハードの売り買いの商売は成り立たなくなる
●国民の財布は確実に細る

2．中小企業が置かれているマーケテイング環境

　では、次に、より経営者に近い環境、企業を取り巻くマーケテイング環境について纏めます。

(1)末端まで繋がっている、見られている世界
従来のマーケテイングは、全ての人には広告できないので合理的な公式で対象を絞って行くと言う考えでした。
あるエリアで知って貰うためにコスト（主にチラシ代）を支出して、ばら撒くと言う行為がマーケテイングの主な仕事でした。どこにどれほど撒くかがポイントだったのです。
それが現在では、「全て」が何らかの形で繋がっている時代となりました。
道路の隅々までグーグルアースで見られますし、飲食業・宿泊業は、他業社と価格比較される時代となりました。ホームページはもはや名刺代わりです。

消費行動として、買い物行動を起こす前に検索すると言う行為が一般化しているのです。
逆に言えば今は常に（極言すれば日本中から）見られていることを意識しないと行けません。
では、今のマーケテイングのメインの仕事とは何なのでしょうか？
それは見られている中で反応させる技術です。
学問で言うならば、心理学が重要となりました。
最も有効なものは乗り遅れたくなというバンドワゴン効果となります。
これは、噂が出始めたころが最もパワーを発揮し、商品・サービスが普及し切ってしまうと効果は薄くなります。これはライフスタイルの多様化で「皆が持っているものは持ちたくない」という逆の心理が働くからです。
企業としてはバンドワゴン効果を狙うと同時に次の商材戦略を考えておかねばなりません。
バンドワゴン効果は、販売者自らが「売れています。残りあとわずか（*)」とうったえる方法もありますが近年効果が落ちています。販売者自らが載せるお客様の声というのも同様です。消費者がそこに商業性を感じるからです。
最も良いのは純粋に消費者サイドから口コミが起こるということです。

（*）限定数は、本来の意味では購入者の差別化利益を守るために、付けるべきケースものです。

⑵業態としては通販で行き止まり感
業態の歴史は江戸時代後期に、百貨店が登場し、スーパーマーケット→コンビニエンスストアと、新たな業態がカテゴリーキラーとして、集客をなすという形を繰り返してきました。
商店街は残念ながら衰退の一途を辿っています。
そして、現在はネット販売を中心とするＥコマースがが隆盛を極めこれが最終形のようにも見えます。これが最終形かどうかは私にも分かりません。

ここで、考えて欲しいのは買い物動機であり、時代は変わっても、人間の本質的な買い物の満足感はそう変わっていないということです。

・高級品をその場で購入する満足感
・人揃えのものをワンストップショッピングで買えたという満足感
・売り場を回りあれこれと比較する楽しさ
・他の購入場所より明らかに安価で買えたという満足感
・欲しい商品をすぐ買えるコンビニエンス感
・自分だけの嗜好品を探して買える楽しさ

というのが主な購入心理です。
人の購買心理を見誤ってはいけません。ビジネスの成否に大きく関わってくるからです。
業態の変遷の傍系として、登場した１００円ショップでの購買動機は安さではありません。
それは、普段、財布の関係で思うように買えないストレス解消が目的です。
ぽいぽいと生活で必要のなさそうなものまで買い物かごにほおりこんでいく女性の姿がそれを表しています。

面白い事実として、通信販売という業態は、雑誌から情報を得るという旧来の形も含めれば、明治の時代からあったということです。

当初は雑誌社と百貨店が来店できない地方の人のために家電製品等を洋物文化として紹介して販売する形でした。商品そのものの魅力を知識とともに伝えていくというものになったのです。ネット通販業者はこのことをもう一度、思い出すべきです。
決して、値段訴求・コンビニエンス訴求ではなかったということです。

次に衰退の一途と書いた商店街を考えると、対面方式は衰退していくのが歴史の必然に思えます。
人が人にマンツーマンのハイタッチでセールスするということは、その集客効果と対比して、ペイしないということです。

また、業態変遷の過程で、カテゴリーキラーに業態が塗り替えられたように書きましたが、百貨店にしても、スーパーマーケットにしても店舗と商材の魅力を維持し続けているところは見事に生き残っています。

逆に言うならば、業態に甘んじていたところが淘汰されていったということです。

(3)既存商品・サービスラインナップで大きな隙間が望めない

当書に書いてあるようなことを徹底的に研究して、ビジネスセンスもあってという若手の雄がビジネスを組み立てて、ミスなしで事業邁進しても必ず２～３億でいったん止まります。

それは

・既存の商品があり大きな隙間が望めない

・原価コストの上昇がこたえはじめる

・組織維持にかかる費用がこたえはじめる。それに採用難が重なり時間を取られる

・能力のあるスタッフが増員出来ない

という要因です。

話が逸れますが、これで困っているのは商工会議所や各経済団体の会頭の人選で、内規では実業で売上規模を大きくした実業者（出来れば製造業者）というのがあるのです。

金融機関のトップは決して、会頭になれないのです。

しかし、この種の事業で成り上がった次世代経営者がもう出てこないかもしれないのです。

商品のソフト化、コト化と言われながらも、社会的評価と言うのはいまだに、「堅いもの」の製造の事業している人たちなのです。

このハードル突破の対策については本書では代理店システムの提言をしています。

(4)ノウハウ、テクニック類までが一瞬でコモデテイ化する

これを大きな声で言うのは、本書が始めだと思います。

こちらの方が商品・サービス本体のコモデテイ化より恐ろしいものです。

真剣にするが故に、努力するが故に起こってくる現象だからです。

これは、ひとつのノウハウが成功すると同じことを志向する人から教授料で稼ごうと言うコバンザメ商法を狙うのが一般的になってきているからです。

前項で世の中の隙間がなくなると説明しました。ソフトやノウハウに置いては、まだ隙間はありますが、そのノウハウを作った第一人者がその隙間をうめてしまうのです。

最初にノウハウを生み出した人のみ「先駆者利益」に預かれます。

二匹目の柳の下の土壌はいないと言うことです。

そして、類似ノウハウが一気に世に露出されることで総需要では、減少に向かうと言うに皮肉な現象が起こるからです。

なぜ、そのような現象が起こるかについては、財布が細るという項で説明しました。

例えば、地域振興におけるゆるキャラの存在を思い起こしてください。

あれは行政や地元商工業団体が真剣に討論して、補助金を使い開発しているのです。そして、中に入る「役者」が休みの日まで出勤して奮戦しているのです。

そう聞くと、「くまもん」「ふなっしー」など経済効果を及ぼすヒット事例があるじゃないかと反論されるかもしれません。

では、お聞きします。日本全国でゆるキャラは何体あると思いますか。

1,200 体以上です。

上記のヒットキャラを分子にして割り算して、ヒット確率を考えてみてください。

巷には「くまもん」の事例のみで地域活性化手法を説いている本さえあります。

またそれを真剣に読んでいる地方の方もいます。だからこそ、この合成の誤謬の現象が起こるのです。

(5)商品ライフサイクルの短命化で LTV 理論は崩壊する

LTV とは、ライフタイムバリューの略語で、顧客生涯価値のことです。

・新規先獲得にかかる広告コスト　A

・その顧客の生涯価値　B

を比較しながら A のコストをかけよ言うものです。

これは、２０００年ころ、経済が成熟した時代から盛んに言われ始めました。

理論としては合っています。

しかし、これこそ、机上の論理と、実際の違いです。
家庭での消耗品であり、定番である商材を販売しているメーカーにはいまだに通じるのかもしれません。しかし、これからビジネスを志向する人にはそのような枠はもう空いてはいません。
ある商品を例えヒットさせても、そこから次のバージョンアップした商材の開発の悩みが始まるのです。
しかも、ひとつひとつの商品ライフサイクルは短命化しています。
実際はLTVなど読めるものではないのです。
また、その既存顧客の分母も高齢化の影響で減少して行く時代です。
ここでは
・LTVは読めると思うな
・かける広告経費は単独商品ユニットで考える方がリスクは少ない
とアドバイスします。

中小企業が置かれているマーケテイング環境纏め
●末端まで繋がっている、見られている世界
●業態としては通販で行き止まり感
●既存商品・サービスラインナップで大きな隙間が望めない
●ノウハウ、テクニック類までが一瞬でコモデテイ化する
●商品ライフサイクルの短命化でLTV理論は崩壊する

３．将来の流通環境予測

今後、物販業はチェーン展開している最大手と個人が売るＣ２Ｃ市場に二極化して行きます。

個人が売ることが主流になって行くと言う理由として第１１章のショップ環境で説する通り、中途半端な規模ではチェーン展開している大手にシステム力で勝てません。

逆に、個人でも特定ニーズを拾えば、ビジネス出来ると言うことを示しています。
中古の本や洋服がネットで売れているのはご存じでしょう。
また世界中で流行りつつあるＵＢＥＲ（ウーバー）システムも個人ニーズを結びつけたものです。
販売面だけではなく、
・労働力提供としてのクラウドアウトソーシング
・資金調達市場でのクラウドフアンデイング
なども広義に捉えれば同じ動きです。
ただ、Ｃ２Ｃと言っても場の提供と言う形で大手が絡んでくるというのが一般的スタイルになると思います。
このような傾向の影響として、私が危惧するのは、個人のアイデアや、中古品と言う二次流通で簡単にビジネスが成り立つようになると本格的なものづくりを目指す人は減ってくるのではないかと思われます。
本書で、これから展開する集客論の基本はＢ２Ｃです。
読者対象が事業主だからです。
よって販売主体が個人になるＣ２Ｃの戦略まではカバーしていません。
しかし、今後大きくは
・商圏を広く取り
・特定ニーズ・ウオンツを反応させて
・利益を取る最小ユニットを作る
としていますので、Ｃ２Ｃとも重なる部分はあります。

本項は、中小企業診断士、橘高唯史が基礎レポートを起こし、著者、西河が纏めました。

４．従来の論理が通用しなくなった

次に、従来のマーケティング論が通用しなくなったということを認識していただきます。
ここまで、踏み切って書いているのは本書だけだと思います。なぜ、通用しなくなりつつあるのかということを説明します。
一言で言うと、過去のマーケティング理論は悪くても売上の総額が平行線と言う環境を想定しているからです。
しかも、似たような商材・サービスは既にあるという現象で、言葉を変えると隙間がない状態です。よって、若手で「その業界の雄」のポジションにいる有能な人も売上２～３億で必ず頭を打ちます。そこで、無理な拡大路線を取ると逆に沈んで行く人も確率高く存在します。
これは２巻目の中小企業経営戦略でも書きましたので、復習です。従来のマーケティング行為とは何だったかと言うと、コストの関係で、市場全体には広告できないので、合理的な公式で市場を絞ると言う行為でした。
その絞ると言う考えの裏側の論理として、市場にはまだ空きがあると言うことでした。
では、現在はどのような環境かと言うと、ＩｏＴの普及で全ては繋がっており、ビット経済の進展でメッセージを限りなく安いコストで配信することが可能な時代、一般的な商材・サービスを販売しても市場に全く隙間がない状態という時代です。
しかし、中小企業だからこそ取り組めるニッチな市場と言うのもあります。
これからは、何らかのニーズに特化して生き残りにかけるということに尽きます。
ニッチな市場で採算を合わせると言うことは商圏は広げなければならないということになります。ここで、ネットで全ては繋がっているということにリンクして行きます。
以前のマーケティングでは市場を合理的な手法で絞る公式が重要だったと申し上げました。今は何が重要かと言うと、消費者を響かせる技術であり、学問で言えば「心理学」です。

(1)マイケル・ポーターの5 Forces

ハーバードＭＢＡの教授、マイケル・ポーター氏が提唱した極めて有名な戦略フレームワークが5 Forcesです。 複数形ですので「フォースィーズ」と読むはずですが、日本語ではファイブ・フォースと言われるようです。

5 Forcesとは？

マーケテイングは

・新規参入業者

・代替品（間接競合）

・供給業者

・買い手（顧客）

・競争業者（直接競合）

の５要素で決まると言うことを示します。

これについては、「消費者はより品質のいいものをより低下で買いたい」ということを正しい要望として捉えるならば、合理的な解決法がありません。

この５要素の全てに対応しようとすると経営が窮屈になるだけです。

最近、神田昌典さんが「努力すればするほど売り上げが落ちる」と言っていることに繋がります。

唯一中小企業戦略で通用するのは、代替品で参入する異業種からの参入の戦略です。

このマイケル・ポーター氏の5 ForcesにしてもＳＷＯＴ分析と言う環境分析にしても、日頃、経営者は頭の中で実践しているものです。

この思考法の延長に活路はありません。

(2)三方良し経営

三方良し経営は、近江商人が編み出したものと言われています。

仕組みは言葉通りなので省略しますが、これを志向して事業頓挫する理由は、前巻で人は生きがいの象限では消費しないとビジネス適用を否定したマズローの欲求５段階説と重なります。

特に三方良し経営は、事業責任の所在が曖昧になり、責任を持って推進する人が不在になりがちです。
一大事業を成した経営者がセミナーや経営者塾は聞き心地が良い故にこの形を志向しがちです。
「生きがい」を求める事業目的もこの「三方良し経営」もそれなりの「場」を持っている大手資本がすべき事業類型であると私は思います。
近年のビジネスの本質は、「顧客との心理戦」であり、日々の経営では、精神的にシビアなものがあります。そこから逃げないで欲しいということです。
事例で言います。携帯ゲームのCMが花盛りです。これは、まずは、無料ステージに乗って貰おうと言う戦略で、その中からゲームに嵌まった人に有料アイテムを買って貰おうという戦略です。そのような、事業類型で事業をしている人は、（一部社会的批判もあり）プレッシャーは大きいものがあると予想されます。
それでも、事業が続けられるのは批判の声以上にフアンが存在するからです。
そもそもなぜ、このようなプレッシャーが発生するかと言うとハードではなくソフトを売るようになってきたからです。これは歴史の必然です。
ソフトという形のないものを売るプレッシャーから逃げないで欲しいと言う意味からあえて、綺麗なビジネスのミッションを否定的に捉えているのです。

(3)ランチェスターの法則

ランチェスターの理論では、労働者の工数ウエイトを分解して、
・営業している顧客との接触時間を出来るだけ長くして
・営業に与しない移動時間を出来るだけ少なくする
ということが重要であり、それによって導かれる結論は、地域を狭く限定して、地域の中でシェアトップを取るというものです。
この移動時間を短くするということについては、まさに、経営のポイントであり、否定はしません。この法則の神髄は、マンパワーの営業力を最大限使うと言うことです。
これも、全否定はしません。しかし、マンツーマンの営業方式と言うのは今後採算が成り立たない時代が来ます。生命保険営業も消えつつあります。成り立たなくなるというのは限定した地域で人口が減少して行くからです。

また、ランチェスターの法則に、「商品３分に売り７分」というのがあります。
人的営業中心に組み立てると言うこととセットになっている考えです。
これも今後、商品力の方が重視される時代に回帰して行きます。
もう、消費者・ユーザーは要らないものはいくら営業されても要らないのです。
第６章のコンテンツとスキームを参照してください。

(4 積み上げ棒グラフあるいは積み下げコストカットグラフ
次のような、図を見たことはありませんか？

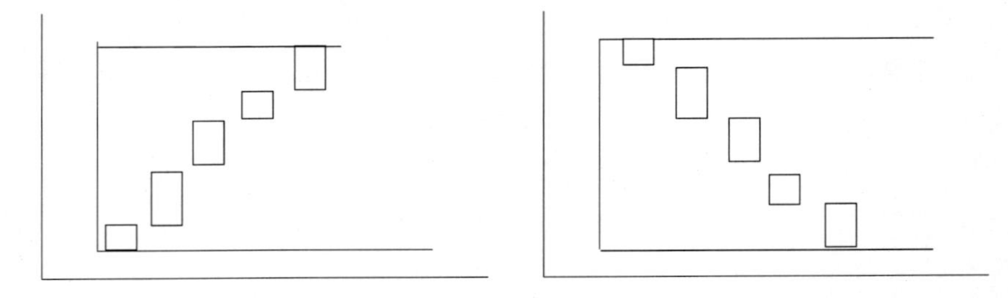

これは過去のマーケテイングのグルが提唱したものではありませんが、あえて取り上げました。
というのは、我が国の事業再生関係の著名なコンサルタントが、好んで著書で取り上げて、中堅以上規模の企業で効果があったと書いているからです。
この手法は、まず、中小企業では実践してもうまくいきません。
先程のコンサルタントの事例ではコストカット事例で取り上げていますが、売り上げ見込みを作る際の積み上げ棒グラフにしてもうまくいかないのは同様です。
多くの中小企業事業主は頭の中でこのシミュレーションをやっていて、常にうまくいっていないのではないでしょうか？例えば、年度当初にＡ社で○千万、Ｂ社で○千万と見込みを積み上げていく方法です。この手法で年度売上予算を作成した人で達成した人はいないのではないでしょうか？
なぜ、うまくいかないかを解説します。
それは、取引というのは前述のコトラーの 5 Forces のようなパワーバランスの中で成立するもので、こちらの思いだけで利益を得られるものではないし、コストカットできるものではないのです。

次に常に経営努力している会社は雑巾を絞り切っている状態になっています。

その上にこれを実践すれば、

・変動費化しているコストしか残っていない

・絡み合ったコストしか残っていない

ということで、無理に実行すると、途上で企業が空中分解してしまうことの方が多くなります。

もっと戦略的な間違いがあります。

現状からのこの積み上げ、積み下げをするという行為は事前に選択と集中志向が抜けています。

だから常々、私は経営革新が重要だと説き、別次元での戦略を練ることが必要だと説明しているのです。

もし、前述のコンサルタントが本当にこんな手法で効果を上げているのなら、それは、その企業が今までが「ざる経営だった」というだけのことでこの手法が優れているからではありません。

そのコンサルタントが上げている企業には上場会社もあります。上場会社がそのような「ざる経営」状態であったのか私には疑問しかありません。

５．新集客論

いかなる環境変化の中に経営が置かれていて、なぜ既存のマーケティング理論が通用しなくなったかが理解できましたでしょうか。
これは、勉強家の人ほど感じている苦しみだと思います。
どのような考え方で臨めばいいのかから説明します。

(1)ビジネス基本形の解説

①ニッチニーズに絞り商圏は広く
現状を以下の図のような商圏の取り方であったとします。
新規でアプローチしようという事業所、あるいは、個人世帯は減少に向かいます。
そして、何より既存の取引先が減っていきます。

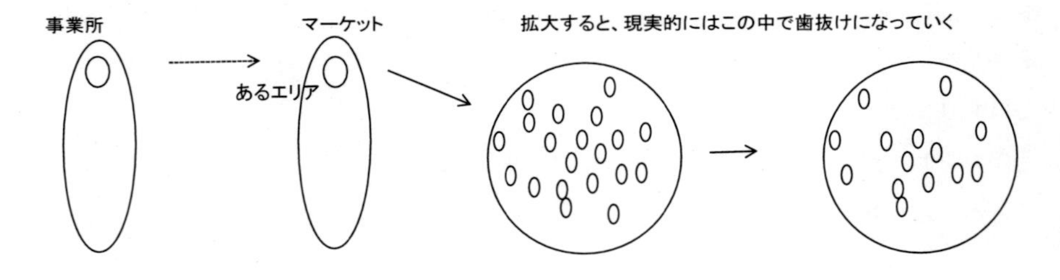

では、どうするかというとニーズあるいはウオンツを絞り、地域の商圏の概念を外して対応する以外にありません。
ここで、商圏という、概念を外したら全国になり、配送の技術が必要になります。
これは、頭では分かっていても実際に経験してみないと理解できない面もあります。
また、商圏が日本全てとなるということは「既に繋がっている」「すでに見られている」ということで意外と実現できる現実であるということを理解してください。
逆に最初から意識していないと、売れ始めた途端に、商品配送の問題が出てきます。
次に１対１での対応という概念を外さないと訪問していては時間的にも成り立たなくなります。

ここで１対多という発想が出てきます。これが後段で説明するレバレッジの原型です。

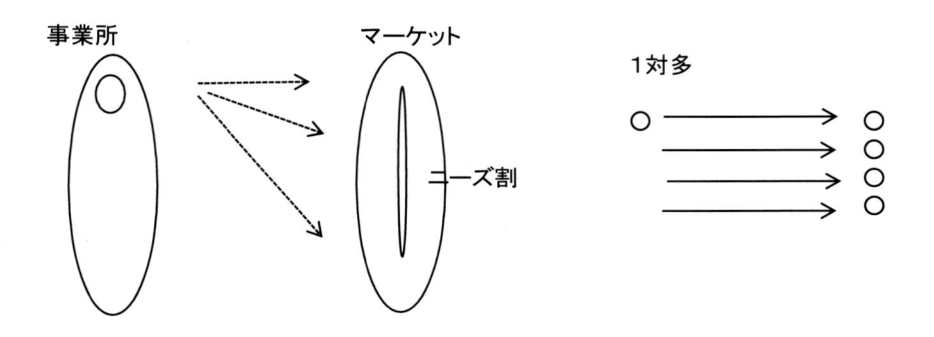

類型としては、ネット通販という形になるのですが、決してネット通販をせよと決めつけているわけではなく結果的にそうなるということです。
ここで、私だけの理論で推し進めると読んでいて正しいのかと不安になる方もおられると思いますので、ネットビジネスでカリスマとなった与沢翼さんのこれから生き残れるビジネスの５大要件というのを紹介します、
与沢さんはネットビジネスで成功する前にアパレル事業で倒産を通り越しています。
その反省を込めて以下の５大要件を作り出したと言います。

これから生き残るビジネス類型

・時代の潮流に乗る

・在庫を持たない

・値段決定権がある

・２４時間３６５日稼働

・商圏の枠がない

これは、私のここまで展開してきた論と完全に一致します。
在庫を持たないというのは言葉を換えれば商品のソフト部分をウエイト厚くするということです。ソフト部分が厚いほど在庫スペース、配送量ともに軽減されます。

そして、価格決定権があるということは、ＴＰＯがはまればどうしても欲しくなる特定ニーズ、あるいはウオンツに絞る、商品のソフトな部分が大きいということにイコールです。

２４時間３６５日稼働、商圏に縛られないというのはここでも、ネット活用に繋がっていきます。飲食業などは、店舗は半日開いていたとしても、来店が望めるの時間は限られています。来店客のない時間帯にもコストが出ていっているということになります。そして、何より採用難のところで書きましたように、その忙しい一瞬の人繰りが難しくなってくるということです。

②階段システム

次に買う側の財布が細り、消費（購買心理）が冷えていくことに対する対応策、細かい階段を作ることについて説明します。

この部分は第２巻の「中小企業経営戦略の新理論」で説明したところですが、形を変えて説明します。

階段的アプローチとは現在のネットツールを活用した集客方法は顧客側から見てアプローチしやすい「細かい階段」を作ることです。

例えば携帯ゲームのＣＭが嫌ほど流されているもまずは無料ステージに乗って貰おうという動きです。

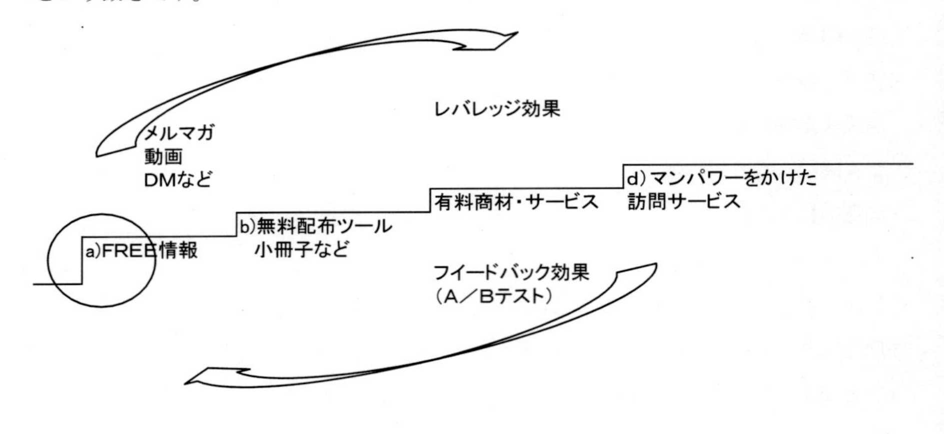

という４段階ですが、初段の手前に、常につながっている、見られているというステージがあることを忘れてはなりません。

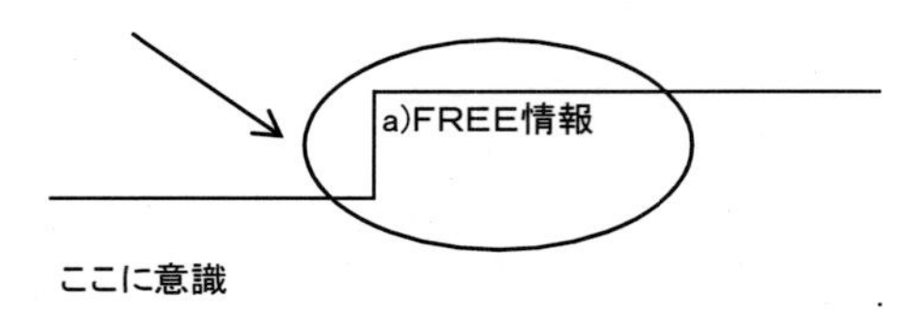

見られている世界と繋がっている

この階段ごとの知滞留人数の把握が必要となりますが、販売側として重要なのはｂ）→c)への有料ステージへの昇段となります。

a)ＦＲＥＥ部分とb)の問い合わせステージの違いは

・こちらに好意を示している。

・その結果、プッシュする時に顧客特性の一部がつかめているという

と言うことになります。

これがいわゆるリストとなります。

最も難しいのはb)→c)への有償へのランクアップです。

ここが、「財布が細り」「要らないものは要らない」という現在の消費者心理より比率が低下して行っているところです。指標で言えばここのランクアップ率が重要となると言うことです。

ここでは、ユーザーと販売者の心理戦が展開されます。

次に重要なのは a)ＦＲＥＥのステージに乗っている好意を持っている人の数でこのスキームの分母と言うべきものです。

このように階段式であるが故に、昇段の比率データーが算出されると言うのが、新たな集客の世界での特徴です。

その新たな数値と指標の捉え方、財務指標、それに伴う管理帳票については第１２章で説明しています。

③各段階ごとの概説

a)ＦＲＥＥ部分・・・これは、自らの販売する商品・サービスの基礎情報に当たる部分です。ここで、購入された後の使用法などの教育もしていることを理解してください。最近では大手企業も動画で商品を普及させようとしたり、ローソンではイメージキャラクターのアキコちゃんで、より親しんでもらおうと言う試みもなされています。

このＦＲＥＥ部分が見て貰いやすい状況になってきているのは普段からネットで「検索されている」という現状があるからです。

消費者は「情報の非対称性」を嫌うようになってきました。

情報の非対称性とは商品・サービスの販売側だけが情報を持っているという現象で、アンフエアと感じるようです。

このように、商品の仕組みをあえてオープンにして、知って貰ってから購入して貰う方法の方はファアトレード（公平な取引）と言います。

その業界での情報開示を進めた企業はパブリック（公共的）なイメージが出来ると言うことです。よってやるからには業界で一番手を狙うべきです。

b)無料サービス～c)有料サービス・・・b)の無料サービスの段階とは

・小冊子、無料頒布品の請求

・商材の問合せ

などで、顧客特性が掴めている段階です。

この段階から、ステップアップの比率がつかめるようになり、結論として、その比率を上げるか、分母であるリストを多くするということになります。

b)とc)は、無償か、有償かだけの差なのですがここで、多くの企業が悪戦苦闘しているということです。

とにかく無料ステージで済まそうと言うＦＲＥＥライダーも多くいます。

d)マンパワーをかけた優良顧客サービス・・・この最終段階を入れるべきです。

商品・サービスでフロントエンド、バックエンドと言う言葉が最近よく言われますがバックエンドに当たる商品です。

極端に言うとこのステージを考えないならば、システムだけでの稼働が可能になり従業員は要りません。しかし、このステージも重要です。

なぜ、このステージが必要かと言うと

・利益率が大きいという意味

・ユーザーと社員が会話することにより次の商品設計のヒントとする

という二重の意味があります。

これがa)の情報提供のステージに戻り、次の商品・サービスへ繋げると言う無限の循環をさせます。この人を介してのコンタクトは「ハイタッチ」が必要という項で説明しています。（８８Ｐ参照)

このように、必ずお客さんとの会話と言うアナログな部分を残しておくべきなのですが、この例のように最終ステージに残った重要な顧客にした方が経営上合理的ということになります。

このステージは営業マンの配置と言う形だけではなく、コールセンターでの対応と言う形もありえます。

この集客方法では、常に階段に乗る人の裾野を広げる努力が必要です新規顧客戦略と階段システムの中で昇段して行く顧客（深耕）の両軸での推進が必要です。

商品ライフサイクルが終わりに近づいてきたら、

・次の商材を開発して、新たなスキームを作る

・新たに階段に乗って貰う人を増やす

というステップが重要と言うことです。

現在の高齢化社会では、既存顧客からも、はこぼれが出てきます。

また、商品ライフサイクルの短命化により嗜好は移ろいやすい時代になっています。

６．新集客論に必要な要素

(1)ローコストオペレーション

ローコストオペレーションとはある事業で利益を出す体制を作り上げるためにいかにコストを抑えるかの手法であり、別項目で出てくる

・レバレッジをかける

・生産性向上

とも重なります。（意味合いとしてはローコストオペレーションは、売上増強よりコスト削減の方に重きをおいています）

利益を上げる最低ユニットで、この考え方は必要になり、そのユニットを複数作り上げていく過程でも、全体としてのコスト削減の仕組みが必要となります。

これは、仕組みをつくるということであって、経費項目１つ１つのコスト削減を検討することではありません。

ポーターの５forcesのところで解説したようにそれぞれの支払う額は、力関係によって決まり、無暗なコスト削減要求は流通の中でいずれ取引相手よりしっぺがえしを食らうことにもなりかねませんので勧めません。

また、ローコストオペレーションの仕組みもベンチマーキングされにくさが必要です。なぜなら、他社に対して差別的優位性があるからこそ、他社よりコスト削減できているのであって一般化してしまえば、優位性はないからです。

この内容も８３Ｐから、洋服販売チェーンの「しまむら」で事例解説しています。

(2)ベンチマーキングしにくさ

この階段システム自体は誰でも作れるものです。

それは、ネット上のサイトが中心になるからで、その構築も劇的に価格が落ちています。

ここがノウハウもコモデテイ化すると言ったところです。

また、優れたやり方を盗むと言うベンチマーキングの考えも一般化してきました。

対応法は２つ

・この階段の仕組みの中に盗まれにくい仕組みを隠す。

・商材・サービス自体を盗まれにくいものにする
ということで、理想は後者です。
このベンチマーキングのしにくさについては、８３Ｐよりセブンイレブンのケースで解説しています。

(3) レバレッジ
このビジネススキームの基本解説のところで説明したように、まず、商圏と言う枠を外した段階で個別に説明に行けないと言うことでレバレッジを考えざるをえないのがこの方法です。
そこで、レバレッジ手法を突き詰めると様々な倍速効果が出てきます。
例えば、動画、メルマガ等は、階段の昇段の誘導材になります。これは、そのステージに滞留している全員にメッセージを投げかけるのに、それを受け取る側のユーザーは自分ひとりに語りかけていると錯覚させる効果があるのです。
このレバレッジのかけ方の類型化は今回特に深く分析して１２類型に分けて、ケーススタディを含めて第２章　レバレッジ論で詳細解説しています。

(4) コンプライアンス
この仕組みを取ると、各ステップに滞留しているホルダー数が見えてきます。
それだけ集客を精緻に行っていると言うことになるのですが、それが「焦り」、そして、「煽り」につながってしまう時があります。
コンプライアンス違反を誘発してしまう背景がここにあります。
コンプラインアンス違反には
・法律を度外視した煽り行為
・品質に偽りあり
が２大要素です。８５Ｐで解説しています。

(5)マーケティング・パラノイヤの回避

このシステムを作り上げてランニングを始めると重大な課題が出てきます。

それは、

・そもそも中心に置く商品・サービスがそれで良いのかと言うことです。

売上上昇時はそれで良いでしょう。

問題は

・商品の売上が衰退し始めた時

・中途半端なヒットになった時

です。

当然、スキーム内で、昇段させる改善は必要ですが、常に新たな商材の投入を考えて行かないと変化の激しい時代の波を乗り切れないでしょう。

これが遅れてしまうのは現商品へのこだわりです。

この拘りが特に日本人は強すぎる面があります。しかし、嗜好の移り変わりは速くなっています。

ただ、次の商材を考える時は、今の商材の反応を糧にしてバージョンアップを考えるなど周辺から考える方が正解です。

これも現状の苦しさから全く違う分野へ思考が飛びがちになります。

この商品が良いと言う盲信をマーケティング・パラノイヤと言いますが対応策も含めて８９Ｐで解説しています。

(6)A/B テストとデザイン思考

この階段システムの精度を上げるために最近、A/B テストと言う手法が普及してきました。流通に属される方は聞かれたことがあると思います。

この考え方は、シンプルでＡの方法が良いのか？Ｂの方法が良いのかと言うことです。

このテストが有効なのは心がけ次第で常に、消費者、あるいは、ユーザーへのダイレクトなアンケートが低コストで出来ると言うことです。

また、階段のどの部分でも行うことができます。

思えば、これは経営の一環として常に行ってしかるべきことでしたが、最近、必要性が言われだしているのは、それだけ消費意欲が減退していることに対する反証です。
ただし、この手法には限界があります。
それは、Aが良いかBが良いかという手法なので、根本的な商品設計には向かないということです。主にサイトの構成やパッケージの開発に使われます。
よって製品の開発、いわゆるものづくりにはデザイン思考という手法が使われます。
最近、この手法が注目されているのは、既存商品の改良ではなく製品開発は消費者の隠れたニーズを商品化することが成功の鍵と言われているからです。
この考え方こそが、コトラーの提唱しているイノベーションです。
第７章で解説しています。

７．新集客法対応に特別な業種類型

次にこの新集客論の例外的な扱いとなる２パターンを解説します。
当てはまらないと言うことではありません。

(1) Ｂ２Ｂ
Ｂ２Ｂサービスを展開する事業所が今回の新集客論の例外的な扱いとなります。例外と言っても今回の集客論に当てはまらないと言うことではありません。
ここで、Ｂ２Ｂの基本特性を纏めてみましょう。

この企業の場合
B → B → B → C

・次のＢのために製造、あるいは、売買し、直接Ｃと接している訳ではない。対価もＢから貰っているということです。
ここで、なぜ、例外的な位置づけになるか理解できるでしょう。
階段の初段目はユーザー、消費者と繋がっているから成り立つ仕組みです。それが、販売先のＢで分断されているからニーズ、ウオンツが直接聞こえてこないと言うことです。
ここで、まず、そんなことで悩まなくても良い事業所があります。
それは、
・オンリーワンの商品・技術を取り扱っている
という事業所で、この川下優位で流れているパワー関係をも逆転している関係の事業所です。
オンリーワンに近い技術、商材を持っている企業は川下から指定されますので、生き残れます。しかし、実際には、どこでも同じようなものを取り扱っている世の中で、川下とのパワー関係が逆転しているケースは稀です。
このような、パワーのある会社いいでしょう。
しかし、例えば製造業で言うならば、事業数で見て１％もないでしょう。
Ｂ２Ｂ事業所とは、アセンブラーではない製造業、卸売業など、最終ユーザーには売っていない事業所全てを含みます。

新たなマーケティング手法とは、マーケットインと言う考えで、ユーザーニーズを製品に反映して行こうと言うことでした。

そこで、考えられる対応は２通りで

・川下と組んでユーザーニーズを聞き、商品開発する

・流通の中でユーザーとの距離を縮める（あるいは、ニーズを吸収するアンケートだけでも直接取る）

となります。後者は安易に直販を考えよということではありません。直販には直販のノウハウがあり、安易に取り組むと必ず失敗します。

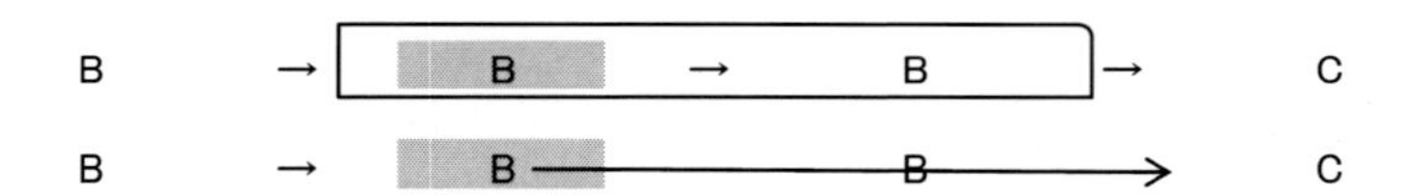

共同での開発については、ものづくりになる場合が多く

・A/B テスト

・デザイン思考

のうち後者になります。

A/B テストはAがいいか、Bがいいかという形なので、パッケージ、サイト構成などになり、ものづくり用には使えないのです。

特に最近のものづくりは、消費者のウオンツを深く探り今までになかったものを作るべしというイノベーションの発想がありますのでインタビュー以降は製造側でデザイン思考というイマジネーションで作り上げていくことになります。

ここを、製造側のグループで作りだして行くと言うことは既にいろんなところで行われています。デザイン思考についても第７章で説明しています。

後者のニーズを吸収するアンケートを最終ユーザーから取ることについては第２巻の中小企業事例で株式会社　エールの事例において、小売を通じて売られる自社商品に直送されるアンケートをつけて、分析して自転車サドルカバーの開発した事例を上げました。その結果、自転車サドルカバー商品の分野では、ナンバーワン企業に成長していま

す。

ユーザーに近づかない限り、活路はなく、そこを品質向上、リテールサポートなどと言葉で誤魔化すのは欺瞞であると思います。

この他にも活路を開拓する方法は後２つあることはあります。

・Ｂ２ＢのＢをＣに転化させる。

商品流通に限れば、理論上、次のＢを飛ばすか、川下を取り込むしかありませんが、Ｂを Ｃに転化する手があります。例えば、ユーザーの取り込みに悩んでいるというニーズで捉えれば、ほぼ全ての企業に当てはまります。そこで、川下に補助金・助成金のスキームを取り込んでユーザーに販売する仕組みを教えてあげれば、ユーザーのメリットにもなります。実際この手法で伸ばしている設備業者、省エネ業者は存在します。（第２章　レバレッジ論の６．他資金活用モデルを参照して下さい）

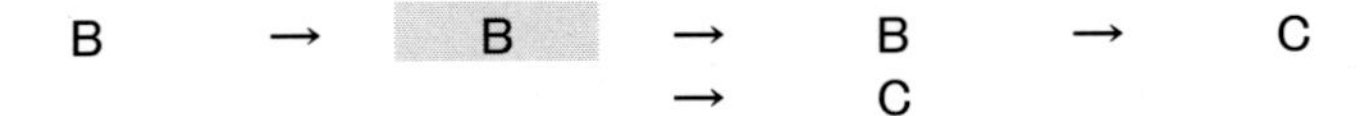

・Ｂ２Ｂ流通の遅れている海外に進出する

これについては、卸売業者などで、東南アジアで復活している企業はあります。

我が国のきめ細かい商品管理の技術は進んでいるのです。（第２巻の中小企業経営戦略の新理論の第１２章　海外戦略を参照ください）

(2)店舗型

店舗型が、特殊要因を持つとはどういうことなのでしょうか？

ユーザー・消費者と繋がりを持ち、常に見られていると言うのは基本形と同じです。

・消費者は常にネットでショップを探している

・比較サイト・評価サイトが普及し、勝手に掲載されている

ということを考えると、その繋がりの色彩はより強いのかもしれません。

店舗型の特殊要因とは、ネットで商品・サービスを売るだけなら安価で作れる階段シス

テムが店舗施設投資要素を考えると、コストがケタ違いにかかると言うことです。

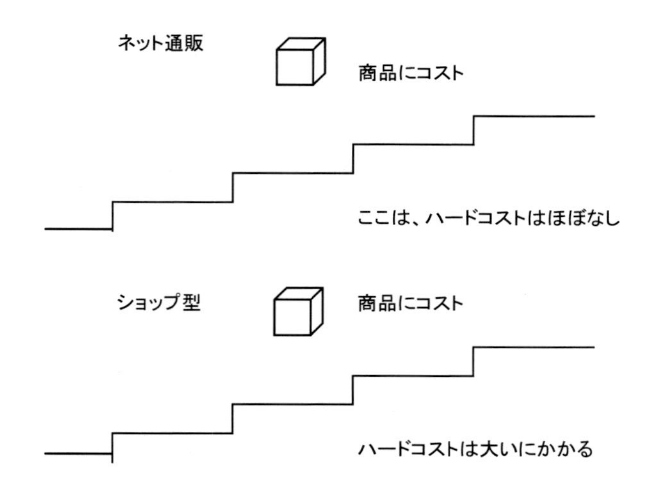

営業時間を維持するためにスタップの人件費もかかります。

商材にコストがかかり、その上に集客システムにコストがかかると言うのが店舗経営なのです。

チェーン展開する業者はその集客のためのノウハウを持っています。

参入すると非常にリスクの高いビジネス類型です。

そこで、店舗経営志望者は、集客要素の顧客導線など各細部まで失敗することのないようにと第１１章で、ショップ経営のあるべき姿を詳細解説しました。

第２章　レバレッジ論

　ここまでを総括しておきます。
時代が成熟するにつれて、経済（ここでは商品・サービス）の隙間は狭まり、新たなアイデア・商品コンセプトというのはそう出るものではありません。
しかし、有利な側面として、事業者は、ネットを通じて、消費者すべてと繋がっている状態にあります。
このつながりを常に意識して、反応率を上げる努力をすべきです。
そのステップは自社の商品の定義を決めて、その中の何かに特化して業界規制の逆を行くなど特徴を出して訴求すべきであり、それがすなわち強みとなります。
しかし、火がついたとしても、コアな事業体が出来た所で単純事業拡大は止めて、ＦＣ展開など他人の事業意欲のレバレッジを使うべきです。
理由として
・管理組織（本部組織）が肥大化すると経営を圧迫する時代である
・レギュラー社員を大量採用すると、その時点で、能力差が顕著になり、その底上げだけに労力を費やす
となります。
そこで、コアな事業体を作るまではあくまで少人数でなんらかの梃を利かしてマーケットに食い込んでいくことになります。その梃の仕組みがレバレッジです。

ここでは、その手法を説明しますが、出来る限り多くのパターンを例示することにいたしました。
今後市場拡大は全く望めせん。また市場拡大戦略の果ては市場拡大戦略しかありませんので、人口減少の環境ではロジックが合いません。

２０００年代に入り、このレバレッジを効かすという手法で最も業績を伸ばしたのは、ピャパネットたかたでしょう。
高田社長のキャラクターによって一人一人に語りかけていると錯覚させる手法に加え、自社スタジオを東京ではなく長崎県に構え、放送しているという味付けまでされていました。
レバレッジの効果とは人の工数がかかる部分を工夫して減らしていく工程で、ＹｏｕＴｕｂｅを中心とする動画にはこの要素があり研究すべき分野です。
このレバレッジの手法を進めると複数の注文が同時に入ることになりますので受け付け体制のマニュアル化、配送技術、資金回収技術の向上がポイントとなります。
レバレッジの使い方が今後、重要というのは市場全体のパイが広がらないからです。
そうなると、人物金の投下資産を少なく投下していかに効果的にシエアを取っていくかということになります。
以下に基本形を、説明しますが今後、様々なビジネスモデルが模索されていくことでしょう。
全てのモデルに、マーケットの現状と陥りやすい悪弊の事例をケーススタデイとして上げましたが、これは、まさにこの道の先人達が陥ったパターンですので重要な情報です。
なぜ、このような間違いを起こしてしまうのかを真剣に考えながら読んでください。

１．ＰＵＬＬ型レバレッジ

従来は、人が営業をかけてのセールスが全てでした。
まず、それを打ち破ったのがセルフ方式のスーパーマーケットであり、銀行のＡＴＭであったのです。

PULL型レバレッジ

お客さん自らに動いて貰うという考え方です。

インターネットの時代に入ってからは、ＥＣサイトで販売するというのが普通のことになりました。ＰＵＬＬは引くと言う意味で、ここで、ＰＵＬＬタイプのレバレッジとは複数に同時に見て貰うということです。

このＰＵＬＬタイプだけの注意点ではありませんが、商品購入後に使用法などにおいて齟齬のないように、事前の広報、教育が重要となります。

現状マーケットでは？

ここは、あまりに普及している手法なので特殊な事例を解説します。

タウンページは、緊急性のあるニーズの業種、例えば、歯医者・鍵修理屋などでは効果絶大と言われていますが、事務局が各エリアを転々と移動しながら作成して行くのでつかまり難いと言われています。

また、事業が好調な時にはスポーツ紙、一般新聞、ＴＶＣＭなども一考です。

ＴＶＣＭは企業ブランドの認知率を短時間で上げるには効果があります。

ＰＵＬＬ型レバレッジ　間違いケース

Ｇさんはネットショッピングが趣味で、マニアックな商品も好んで購入していますがサイトをサーフインしていてイライラすることがあります。

それは、申し込み方法、連絡方法などが、分かるように書かれていないサイトが多いからです。

例えば

・問合せとなっているところをクリックしてもリンクが利いていない

・たまたま近くなので訪問しようとしても、地図がついていない（あるいは分かりにくい地図がついている）

・電話番号に電話しても、なかなか出ない

などです。

先日は、連絡先と書いてある電話にやっとのことで繋がったのですが、お婆さんらしき人が出てきて、聞いてもなかなか意味が通じません。

挙句の果てに「何か、息子がご迷惑かけているようで」と謝られてしまいました。

このように大部分のＥＣサイトは購入者の立場に立って作られていないのです。

ただ、時間に追われてサイト構築、更新しているとこういうことは起こりがちな現象です。

このような、悪弊に陥らないように私の場合、自分で閲覧する場所をインターネットカフエなどに変えて、気分を変えて、ユーザーの目で自社サイトを見るようにしています。

２．ＰＵＳＨ型レバレッジ

　ＰＵＳＨとは押すと言うことです。ＰＵＳＨ型のツールとしては、メールDM、ＦＡXDM、DMチラシ、メルマガなどがあります。ＰＵＳＨ型のメリットとして、１対多の通信になるということはＰＵＬＬ型と同じです。

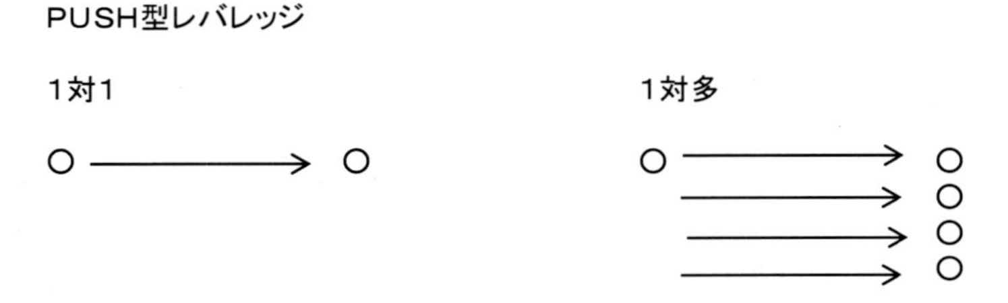

(1) メールDM

メールDMについては、ＳＴＥＰアップメールという複数回に分けてアプローチしていく手法があります。

このレバレッジタイプの最大の効果は１対多で語りかけているのに、メッセージを受けている方は１対１で語りかけられているように感じることです。

より、親密感を感じてもらうために文中で＊＊＊様とリストから拾ってきた相手の個人情報を自動的に入れるように工夫する仕組みも多くあります。

このタイプの注意点は取引のない相手先にメッセージを送る場合は

・＊非承諾公告＊とクレジットを入れる

・発信元の明示

・メール配信解除の方法の明示

をしなくてはなりません。

取引のないリストにＰＵＳＨメールを送ることをネガテイブオプションと言い近年、営業されるのが嫌いな人も多いことを念頭においておくべきです。

しかし、このようなメール配信について、都度、クレームをつけることまではしないということがこの手法を流行らせている背景です。

(2) ＦＡＸＤＭ

ＦＡＸＤＭの場合、紙の媒体になりますので、見て貰える可能性は高まりますが、前述のネガテイブオプションに対する拒否感は高まります。

発信した直後には、クレーム対応者が待機しておかねばならないということになります。

コスト的にもメールDMより、高くなります。

(3) DMチラシ

郵送コストが跳ね上がりますので効果性（コストパフオーマンス）の検証が必要です。

現状マーケットでは？

このゾーンも一般的に普及しているので、説明は不要でしょう。大企業からもメールが来るような時代になりました。

ここでは、メールDMとＦＡＸDMを比較してみます。

メールDM

メリット　コストがほぼかからない、クレームがほとんどかからない（クレームする程の事でもないと人は考える）

デメリット　反応が落ちてきている

ＦＡＸDM

メリット　　受けた人は読む確率が高い

デメリット　紙を無駄にしたというクレームが結構来る。（配信日はクレーム対応者必要）

リスト収集、配信のコストが多少かかる

ということで、活用が多いのは断然メールDMになります。

そこをどう考えるかです。

コストを払っても競争率の低い方（ＦＡＸDM）を利用すると言う考えもあります。

いずれの方法も望んでいないニーズのお客さんに対しては、良いイメージでは無いので意識しておきましょう。

ＰＵＳＨ型レバレッジ　間違いケース

Ｆさんは、ある商材のネット販売を目指しました。

・販売ページを作ること

・ブログ、ＳＮＳなど、様々なツールで話題提供して、販売ページに誘導すること

などが見事に功を奏し、受付件数は５００件まで上がりました

しかし、徐々に受付件数の伸びは落ちてきました。

そこでＦさんは、あるところから、５，０００件の名簿リストを購入して挽回を図ろうとしました。
しかし、反応は意外に悪く、数件しか取れずにこのために支出したコスト回収もままならない状況です。
Ｆさんは、どうしたらよいかが分からなくなってしまいました。

こういうことは正に良くあります。
原因として
・商品の寿命が思ったより短かった
・販売ページへ誘導することは、成功しているので、買うべき人は買ってしまっていたというマーケットを喰い尽した状況だったということです。

しかし、Ｆさんの場合、一度は成功しているので、この体験が大きな糧となります。
商品コンテンツの見直しと集客スキームの見直しを同時に図るべきです。
そして、マーケットの動きは１００％は理解できないと言う畏敬の念を常に持つべきです。

３．商材レバレッジ

商材レバレッジは同じコンテンツ（内容）で商材をフロントエンドからバックエンドまで揃えるということです。
広くではなく、深く商材開発していくということになります。
通常バックエンドに近づくにつれて
・プライスが上がる（利益額も上がる）
・マンパワーをかける
ということになります。

勘違いしてはならないのは、最初から商材のラインナップを作るということではなくて、フロントエンドの商材の売れ行きを確かめてからバックエンドに進む商材の開発をして行くと言うことです。

そのために商材開発のスピードが要求されます。

この手法は、一見すると同一顧客に何度も売りつけているように見えるかもしれません。

しかし、ユーザーのニーズが深い場合には逆に顧客満足度は上がります。

イメージ図は次のようになります。

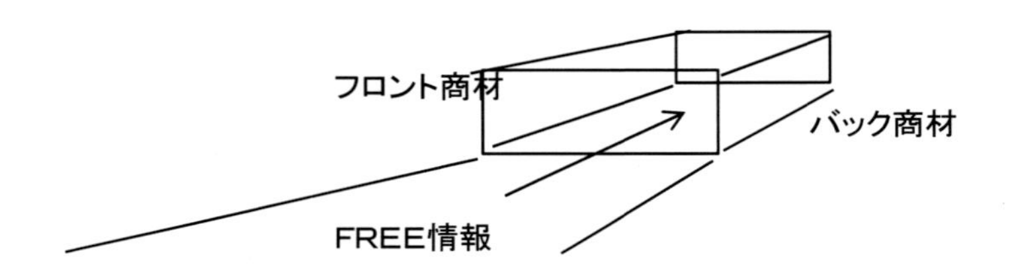

当然、バックエンドに近づくにつれて成約率は低くなるという漏斗の形となりますが、顧客側から手をあげてくれる形なので自動的に顧客層別が出来るというメリットがあります。

現状マーケットでは？

近年の「儲けたい人向け」の「セミナー」、「開業塾」などで教える内容はほとんどがこれです。

フロント商材の情報商材から最終ステージのコンサルパッケージまでの各段階に上がって行く確率も教えます。最終のコンサルパッケージは１００万以上の高額商品になります。受講者はこの手法を学びながら自らもその授業料を取られているという構図です。

しかし、ほとんどの人はこれを実践しえません。なぜでしょうか？それは、スキームは作れても売り出す商材のコンテンツが作れないからです。

よって市場には似たような内容のサービスが氾濫しています。

それでも、受講生が後を絶たないと言うのはそれだけ「安易に儲けたい」という個人の願望は大きいと言うことです。

商材レバレッジ　間違いケース

Ｆさんは、ホームページ制作のプロフエッショナルで、サイトがないところにパッケージで、ホームページを制作することを狙い自らのサイトでのサービス展開を仕掛けました。

サービス体系は、パッケージ買い取りが１万円、カスタマイズの依頼が５万円です。

狙いは当たりパッケージの買い取りとカスタマイズ依頼が殺到しましたが忙しくなるばかりで大きくは儲かりませんでした。

このようなケースは良くあることです。これはもう一段深いバック商材の不足です。

ここまで来たら例えば訪問コンサルテイングするなど、もう一段深いＶＩＰコースを作るべきです。前段のサービスの依頼でフイルターがかかっていますのでトラブルには繋がりにくいサービス体系です。

４．コンテンツ販売レバレッジ

　これも神田昌典さんが各種の著作物で広めた手法と言っても良いでしょう。

例えば、コンサルティング系の業種がその方法をＤＶＤや動画などでコンテンツとして販売する方式です。

これは前モデルの深い方向へ走る商材レバレッジの解説とは逆方向になります。

この手法が出始めたころはもの珍しさもあって、市場では販売件数はかなり上りましたが最近では、その珍しさは無くなってきています。

加えてＹＯＵ　ＴＵＢＥなどの普及で、その内容公開の単価が無料に近いところまで低下してきている状況です。

注意は、コンテンツ販売の次の展開を準備しておくと言うことです。

コンテンツ販売の単価は既存のビジネスとして、行っていたコンサルティングより、一桁以上低いはずです。

そこで、プラットフォーム化などの展開を考えておかないと売上の桁を落としただけと言うことにもなりかねません。

新規のお客さまもその単価の安い方のサービスに流れるかもしれません。
次への展開を準備していたならコンテンツのしっかりしている事業者としてブランドアップと他社差別化にも繋がります。

現状マーケットでは？

このノウハウを固定化、パッケージ化して売る手法は、いわゆる情報商材と言われます。
伝説的に売れた情報商材は「ご主人の浮気を立証して離婚に持ち込む方法」でした。
これは数万円でしたが、主婦に爆発的に売れました。
その理由を考えてみましょう。
情報商材の売れる３大要素は
・男女関係の悩みの解消
・コンプレックス解消に関すること
・儲けたいと言う願望をくすぐること
です。この商材はそれに当てはまっている上に、もう一点ありました。
それは、調査会社に頼んだと仮定した時との価格比較です。ユーザーの心理をよんでみましょう。探偵会社に浮気調査を依頼すると２０～３０万はかかるかもしれません。
とは、言いながらも、購入者の多くは購入しただけで何の実践もしなかっただろうと思われます。
この情報商材と言うのは、そのような願望をくすぐり覗いてみたいと言う心理を金銭に換算するものですから、実践出来るかどうかは最終決定要因にはならないのです。
もうひとつ面白い現象を上げますと
・釣り・詰め将棋
など、マニアックな願望を満たす商材はその道のプロが発売した商材より、素人でその分野に詳しい人が出した方が売れると言うのです。
それは、素人の達人がどのようにやっているのか「覗いてみたい願望」です。

コンテンツ販売レバレッジ　間違いケース

Ｂさんは、ある業種限定のコンサルタントでしたが、コンテンツ販売と言う手法があることを知り、ＤＶＤとティーチングノートにパッケージ化して販売を開始しました。
半年間は売上が上がりましたが、その後、ぱったりと売上は途絶えて、既存のコンサル先からも、なぜノウハウをそんな安く売るんだと言うクレームを受けました。

この例のように既存顧客サービスとの整合性も取らねばなりません。加え、ニッチ市場は日本全国での商圏を取っても意外と総パイが小さい時があります。

５．業態シフトによるレバレッジ

　同じコンテンツでも業態を変えることにより、レバレッジが効きます。
同じコンテンツと言うのがポイントです。
商材のレバレッジで説明したフロント商材、バック商材の考えと合わせて考えてください。例えば、当社の例で説明します。
マニュアル、著作物の販売が製造業です。
京阪神と言うエリアで自分のレギュラーのお客さんを訪問しますので、これが小売業です。（あえて、小売としたのはあるパッケージのコンサルテイングしますので小売をイメージしました）
これに加えて、地方でお客さんを私のブランドと資格で自分のお客さんを繋いでくれるエージェント的な人がいますので、これが卸売業です。
このように業態をはみ出ないように我が国では業界組合等でフイルターをかけてきました。
マニュアル販売当初、倫理的におかしいとクレームをつけてきた人がいましたが、冷静に話し合いすると何がおかしいのかその人は説明できませんでした。
もうひとつ事例を上げます。ある製造業が部品を調達したとします。その商材が業界で不足して、品薄になったので、利幅を乗せて売ったとします。
これは良いのでしょうか？疑問を感じる方が多いでしょう。
その疑問こそが国が築いてきたフイルターです。
自分の事業を――業であると縛ってしまうのです。

確かに、業態移動しないようにフイルターかけた方が揉め事は少なくなるですが、そんなことを言っていられる甘い経済環境ではありません。
ただし、法律違反、免許違反になる行為は当然いけません。

現状マーケットでは？

ここでは、人の習性と言う観点で説明します。
「我が社は卸売業から小売りに業態チェンジする」「そもそも我が社は――業である」という定義を事業主はしたがります。
これは、自社ポジションが一つでないといけないと感じていることを示します。
そう錯覚しやすい状況はあります。
業界組合、中小企業の指標などその分類で作られているからです。
しかし、これらの分野は、全て時代遅れの産物で機能しないものとなりつつあります。
「同じコンテンツ（商品）でどのようなやり方でビジネスしようが自由なのです」
言い方を変えましょう。
ビジネスとは利益額をいかに残すかと言うゲームであり、そのビジネス機会に関しては、無色透明であるべきです。
そこに色を付けて行くのは自分（事業主）自身のイメージです。

商材レバレッジ　間違いケース

Hさんは法律業務の資格者です。
Hさんは、ある所管官庁への申請書提出で、書き方のパターンのポイントさえ分かれば、誰でも出来ることに気が付き、

・ネットでその事実を発信
・マニュアルを有料で販売
・申請書をチェックして欲しい人には有料でサポート

というサービス体系でネットで広報しました。
狙いは当たりマニュアル購入が殺到しましたが、自分の所属する資格の業界での風当たりが強くなりました。

先輩の市場を荒らしたと言うのです。結局、それでノイローゼとなったＨさんはそのサービスを止めてしまいました。

この事例の場合、仕事で組んだスキームが間違いということではなく、初めから風当たりの強いことを想定していなかったことです。
このようなトライをする時は、自分を業界アウトサイダーの位置に置いてしまうことです。なお、ノウハウマニュアルを有料で販売するところまでは、そのジャンルの有資格者でなくてもサービス提供可能です。（顧客への折衝から専門資格が必要です）

６．　他資金活用レバレッジ

　これは我々のネットワークで編み出したもので一段レベルの高い手法です。
ここで言う他資金とは補助金・助成金であり、商品・サービスを購入するユーザー側に国の補助金・助成金をアドバイスしてあげることにより実質的にその購入価格が下がるという仕組みです。

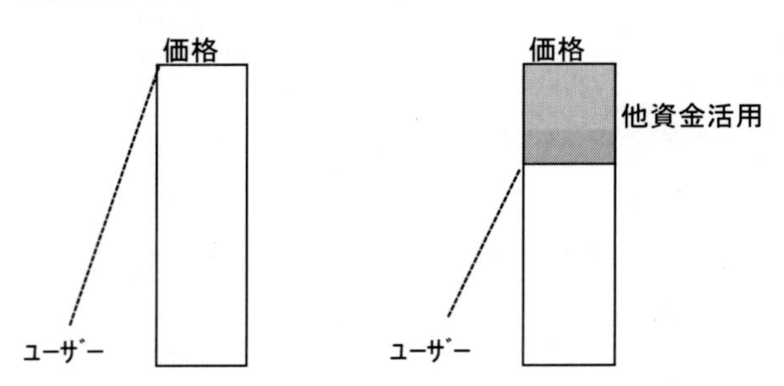

この他資金活用部分がレバレッジとなります。
手法は、顧客の補助金・助成金の申請請求にまで手厚くフオローしないと情報提供レベルでは多分、購入までいたりません。

我々ネットワークではこの手法を前述のＰＵＬＬ型モデル、ＰＵＳＨ型モデルと組み合わせて処理工程をマンツーマンで対応しないでも流れるような自動処理の仕組みを構築しています。

ここで、重要な注意点があります。

良く行われているのが、ユーザーに補助金・助成金を紹介したお礼としてその浮いた資金で自社の売りたい商品・サービスを購入して貰うという方法です。

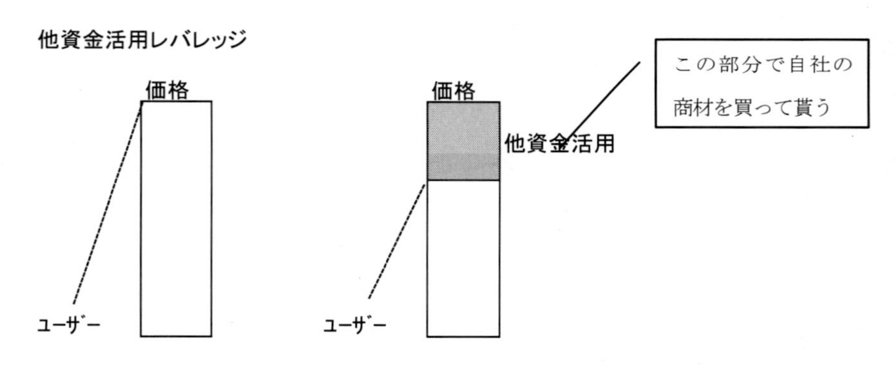

これは法的に見てセーフでしょうか？

このケース、商品・サービスを購入してもらうことを１００％強制したならば「抱き合わせ販売」に当たります。

この法律を無視しているコンサルテイング会社は現在多くあります。

顧客が望んでセットで購入する場合には法律には触れません。

（*）抱合せ販売とは、Ａの商品が欲しいのにＢという商品がセットでついてくること。世間的にはバーターと言われることが多く、強制的に行うと法的に疑義が生じます。

現状マーケットでは？

２０１３年に、ものづくり補助金の制度が制定されて、かなりの数のコンサルタント会社、そして、士業が参入しました。

その理由として、経済産業省系は、そのコンサルテイングの資格に対してグレーな部分があったからです。

逆に言えば、推進してくれるならば資格の有無をあまり問わないと言うことです。

そのものづくり補助金もバブルの崩壊の様を示し、今、脚光を浴びているのは厚生労働省の方の助成金です。

助成金のメリットは就業規則の改訂、福利厚生など、条件さえ合わせれば、申請できると言うことで、内容審査は無いところです。

しかし、この助成金の方は形式主義審査であるが故に所管行政（労働局など）に出入りできるのが社会保険労務士に限定されており、その他の関与者は、摘発の対象となっています。ブローカーの摘発に躍起になっている県さえあります。

その対象資格である社会保険労務士でこの助成金スキームについて詳しい人が限られていると言うことがマーケットの歪みを表しています。

他資金活用レバレッジ　間違いケース１

Mさんは、設備業者で、設備関係の補助金申請スキームで面白い方法を考案しました。

設備代金の中に、ユーザーのところに行って申請書を代筆するコンサルタントの派遣費用を潜り込ませてしまうと言う手法です。

クライアントにとっては費用は上乗せになりますが、補助金が支出されますので、ハード代金については、意識が行かないとの狙いです。

必須条件の相見積もりも知り合いの業者に値を合わせて作って貰えます。

Mさんの狙いはずばり当たり、申請の申し込みは殺到しました。

このスキーム問題は無いのでしょうか？

問題ありです。補助金の所管は設備見積もりでの「経済合理性」が求められます。

原資は国民の税金ですから当然です。

この事例では、そこまでメスが入らなかったというだけのことです。
最近ではこのような理由で同じ設備見積もり価格が地域によってばらばらで、しかも上下かなりの差があると言うことが問題視されつつあります。いずれ、チェックが入ります。

他資金活用レバレッジ２　間違いケース

Ｌさんは、税理士資格は持っていませんが、申告のお手伝いをすることにより、収入を得ています。
税理士法違反ですが、所管（税務署）に申告する書類には名前は一切出ないので安全と思っていました。
しかし、ある時、税理士法違反で「業務停止命令」が来ました。
Ｌさんは、どうして発覚したか分かりませんでした。

こういうケースも良くあります。
発覚の仕方として所管である税務署が申告された書類の内容で、お客に質問の電話をするとしますと、「Ｌさんに任せているので私は一切内容は分からない」という答え方をする時があるのです。
また、Ｌさん本人がいたる所で自分の業務をアピールしていると言うところから噂が伝染して行くと言う伝わり方もあります。

７．コラボモデル

次の図を、見てください。

コラボ型レバレッジ

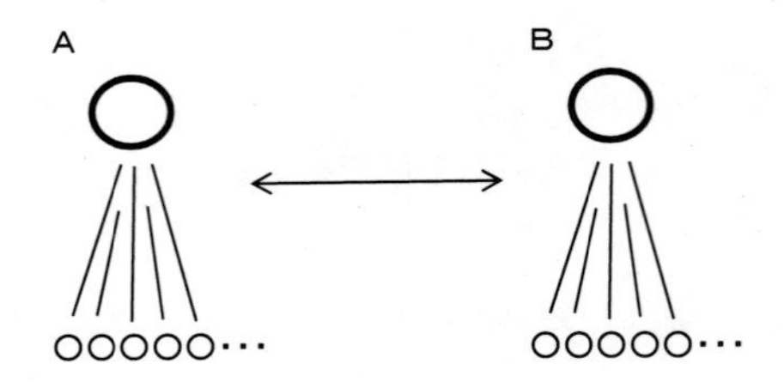

ＡとＢとそれぞれにリストを持っている先がコラボしてお互いの商品・サービスを紹介し合うというのがモデルの基本形です。
ここでのレバレッジ効果は、顧客開発時間の節約です。
メッセージを発信するときはＰＵＳＨ型で１対多のレバレッジを同時にかけることが出来ます。
注意ポイントはＡの顧客にはＡからＢの商品の推薦のメッセージを出すということが必要で、単純にリスト交換するということは個人情報保護法上問題があるかもしれないということです。
ここは厳密に言うと個人情報の第３者提供の了解を取ればいいのですが実際、そんなことは通常しないでしょう。
次にＡが希少性のある商品・サービスを持っているならばそれをＢに紹介するというモデルは成り立ちます。
ここで絶対に勘違いしてはならないのは、この方法は単純な紹介商法ではないということです。
紹介商法の考え方は、製造側のプロダクトアウトの考え方であり、顧客の利益の視点がありません。
提供するのが希少性のある商品・サービスあるというのがツボです。
私は、単純な紹介商法はいずれ世の中から姿を消すと思っています。

現状マーケットでは？

最近、このコラボ商法が盛んに行われるようになっているひとつの要因として、どの会も

・集客率が落ちてきている

・会員サービスが物足りないと言われ始めている

ことが上げられます。これも時代の厳しさを表しています。

組み方は何らかのバーター取引の場合が多いのですが、他資金活用レバレッジを絡めているケースもあります。

有料セミナーなどは自社のセミナーを助成金を使えば、――万円で安く受講できますというよりも、他社分を紹介し合う形とした方が効果的です。

自社商品の実質的な値段を低めると言うことは自社ブランドを高めるということからは逆行することもあるからです。

コラボモデル　間違いケース

A社（ネットスキームの開発会社）とB社（コンサル会社）は提携関係を結ぶことになりました。

A社はB社の研修をネットで受け付けることになり、顧客名簿を預かり専用ページを作ることになりました。

A社は貰った名簿を活用しないともったいないとA社の自社開発のサービスについてもメールDMを打ちました。

B社のクライントにすれば、なぜメールが来たのか分からず大混乱となり、B社にクレームを入れる人まで発生しました。

これは、まず、A社からB社に、DM行為について先に了解を得ておくことが必要です。

ただ、クレームまで発展しないケースも多く現実的にはこのようなことは広く行われています。

８．モジュラー化モデル

　モジュラー化は日本語では標準化です。
最初の一品を作るときに精緻な設計をして２品目からの製造は自動化できる仕組みを作るということです。
レバレッジ部分は１品毎の製造コストの削減です。
考慮すべき要素は
・法に適合している
・標準化されたものが消費者嗜好に合っている
・アフターフオロー工数の低減まで考えられている
ということです。
消費者嗜好を調べるのが
・Ａ／Ｂテスト
・ＩｏＴ
の仕組みです。
事例で説明します。
家具販売の国際的企業のＩＫＥＹＡは、販売先として進出している国の全ての家具販売の許可にかかる法律を綿密に調査して、最大公約数で通用する設計を編み出してから商品として設計開始します。
これが、高度なモジュラー化の手法です。
我が国のものづくりの歴史は出来るだけ顧客ニーズを取り込む過程で、顧客ごとのマイナーチェンジを多くして多品種少量生産体制をとってきました。
その結果、販売する側の管理コストを窮屈にしてきたという歴史があります。
このモジュラー化は、顧客ニーズを聞かないということではありません。
Ａ／Ｂテスト、ＩｏＴで常に最大公約数を考えていこうということです。

通常、中小企業はこの標準化の逆のことをやっています。
忙しくて人出不足、バタバタしている割には儲かっていないと言う現象です。

お客様にセールスするということは、言われる通りにマイナーチェンジしますと言うことではありません。
セールスは一定のパッケージにあてはめるために事前教育をしているという発想の転換が必要です。

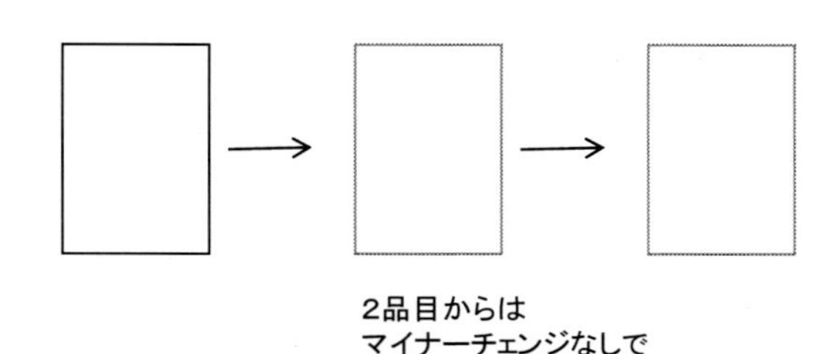

現状マーケットでは？
２０１６年にものづくり補助金にＩｏＴコースが作られました。
この意味を正確に理解された製造業の事業主はあまりおられませんでした。
ＩｏＴによる生産体制作りは日本製造業の歩んできた道筋と真逆の要素もあります。
説明します。我が国製造は大量生産→多品種少量生産と歩んできました。
その流れでお客オーダーに基づいた一品生産の方向に行っている製造業さえあります。
そして、このオーダーに基づいた一品生産の裏側に品質も言われた水準に合わせると言う高品質思想があります。
ＩｏＴとは顧客との繋がりの中でニーズの一品一品合わせると言うことではありません。顧客ニーズをリサーチして売れる商品をモジュラー化、標準化しようと言うことです。
ＡＭＡＺＯＮの本を推薦するシステムは顧客特性から自動的にレコメンドする仕組みなのです。
仕組み作りのためのＩｏＴと言い換えてもいいでしょう。
政府がものづくり補助金に新ジャンルを設けたのもこれがしたかったのです。

モジュラー化モデル　間違いケース

D社会保険労務士事務所はネットで人材開発関係の助成金で、自社の研修をもパッケージで売り込むスキームを作りました。

パッケージの販売はまず、顧問先のE社を取ったのを皮切りに、提携先のF社労士の名簿にも一斉にこのスキームの紹介のDMを流して貰い大量に受け付けました。

しかし、事務を進めて行く途中に最初に実施したE社の助成金申請で助成金支給要件に勘違いしていたところがあることが発覚し支給されるか微妙なことになってきました。

もう、F先生の紹介先の顧客から受け付けた先の事務は数十件進めています。

D社会保険労務士事務所はパニックに陥りました。

このような事例も良くあります。

モデルの設計品質が基準を下回っていたと言うことです。

モジュラー化して受注を取ると言うことは設計に誤りがあると大量に欠陥品が出回ると言うことになるのでより慎重に取り組まねばなりません。

まず、事例の失敗の反省より第一号の試作品が無事完成するのを確認するまでは、標準化の展開は待つというのがリスクを下げるポイントです。

９．他者経営レバレッジ（フラインチャイズシステム）

売上が１～３億くらいに達して、ビジネスのコアが出来たと思ったら更なる規模拡大を目指すより、他人の経営にかけるエネルギーを活用した方が良いと思います。

それは、すなわちフラインチャイズシステムです。

それ以上の規模拡大と目指すと、組織が多段階になり労務管理コストウエイトが一気に増えます。

また、代表者の頭の中に占める労務管理の割合も増えます。ある意味、それればかり考えている状況になります。そして、この時代、新たなスタッフ採用も大変です。

この労務管理の時間を節約すると言うのがフラインチャイズシステムの見えにくいメリットです。

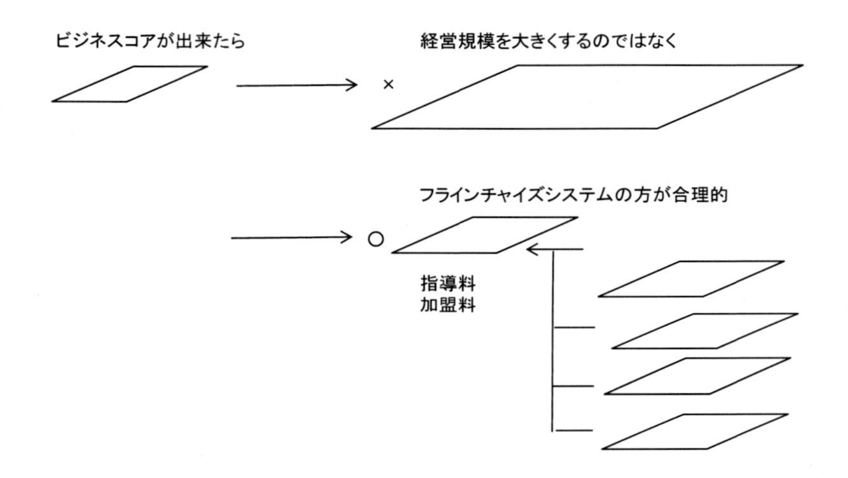

実務的に見ても、ベンチャーでの売上はいったん数億で止まります。
そこで多くの経営者がなぜ、その壁が破れないのかと過去の時代を代表する企業経営者の本を読み漁るというのが一般的姿ですが、今はそれ程、経済の隙間がないと言うことです。
ＦＣ化及び、代理店政策は非常に重要な時代になってきていますので以下に解説します。
まずは小さくでも利益が取れるユニットが出来たならば、その仕組みの盗まれにくさを検討して、出来れば知艇資産としての権利登録をしたいところです。
その知財の権利登録をするためにも、まず、その内容を纏める事が大前提です。
このようなことは必要に迫られないと出来ないものなのです。

ここで、ＦＣ展開、広義に捉え、代理店政策のポイントとして以下に説明しますが、全ては商品力（売り方の含めるとフランチャイズパッケージ）がどれほど強いかで、本部と代理店とパワーバランスが決まると言うことを理解してください。
代理店政策のポイントは
・地域独占権を与えるかどうか？
・その他の商品（特に類似ジャンル）の取り扱いを認めるか？

・本部が帳簿閲覧権、在庫閲覧権を持てるか？
・本部が取引解消後の在庫返却権を持てるか？
・加盟店が取引解消後、保証金返還請求権を持てるか？

この例を見ていただくと分かるように良くない事態を想定した取り決めが必要であり、我が国では苦手な分野です。

現状マーケットでは？

どのＦＣも今喘いでいます。このパッケージを展開すれば万全というようなものはこの時代にないからです。

その意味では疑似ＦＣシステムである日本ネスレのアンバサダーシステムの方が正解を出しています。

これは、何がポイントなのでしょうか？

アンバザダーになった者の社内でのブランド意識（優越感）だと思います。

協賛者が動いていてくれるのですから効果はＦＣと同じです。

しかし、こういう形も商品パッケージの方が光っていないと成り立ちません。

他者経営レバレッジ　間違いケース

Ｐさんは、あるコンサルパッケージの販売に成功しフランチャイズの仕組みも取り入れようと企画しました。

これも滑り出しは好調で代理店候補は集まりました。

ランニングが始まり１年が経ち、販売好調な代理店とそうでないところに二極化してきました。

そして、代理店を集めての全体会議の日、Ｐ社長は不審店に発破をかけてやろうと思っていました。

しかし、会議が始まると「売れると言ったのになぜ売れないんだ」「ーーパッケージのこういう点がおかしい」等、フランチャイジーからやりこめられる結果となりました。

実は、フランチャイザー（本部）とフランチャイジー（加盟店）の関係でジーの方の声が強いと言うのは良くあることなのです。
大手のフランチャイズでも、同じです。
地方のフランチャイジーは何でも販売できる立場の地域の実力者（名士）であることが多いのです。
この力関係を逆転するには商品パッケージの強化しかありません。

（事例続き）ＰさんはこれではいけないとＦＣ加盟店を臨店指導しようと、地域加盟店を回り始めました。
しかし、加盟店の状況を実際に見て、びっくりしてしまいました。
売り方、商品の見せ方など、フランチャイズパッケージの通りに全くやっていないのです。酷いケースでは競合商品を並べて売っていたのです。
このようなことも良くあることです。これは、指導役（スーパーバイザー）の指導不足とやはりパッケージ力の弱さが原因です。
コンビニエンスストでも、レジ回りがすっきりしているチェーンと、売りたいものを勝手に売っているチェーンがあるのも同じ理由です。

（事例続き）結局、Ｐさんのフランチャイズは２年経過時点で、不振店の脱退希望が相次ぐことになりました。
そこで、また、トラブル頻出となりました。
・保証金として、本部に預けていた金銭をどうするか？
・フランチャイジーに在庫として預けていた在庫をどうするか？
が契約書で明記されていないのです。
加盟店側は、在庫を返すので保証金も返還して欲しいと言ってきています。
このような、最悪のケースを想定して具体的にどうするかを契約書に書くと言う視点が我が国では抜けています。

１０．専門家ネットワーク

専門家ネットワークというのは説明不要でしょう。
そこで、この類型には独自性も市場での優位性もないことを理解してください。

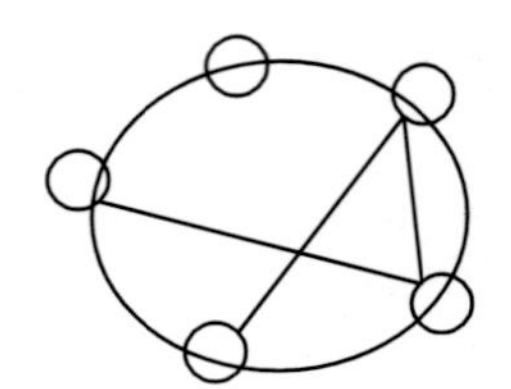

各専門家をラインナップしておいて案件ごとに必要な専門家が組む形

顧客ニーズが特定されていると、いずれは、その専門家にたどり着くと考えるとこのネットワークでレバレッジが効くのはワンストップ制の時間の短縮でしかありません。
勘違いの行動はこの専門家ネットワークを売りにして顧客を大量に引き付けようという考えです。
お客様には特定のニーズがあり、専門家が揃っているから頼むと言う行動は通常とりません。
顧客には相談のワンストップショッピングと言うのは意味がないのです。
このシステムに頼るのはウイングを広げれば客が増えるのではないかと言うのは、選択と集中とは逆行する思考です。
特に、最近では、クラウドアウトソーシングが流行り受注単価も下がりつつあります。
よって、専門家ネットワークを売りに高い価格を取れると言うのも間違った発想です。

現状マーケットでは？
一時期、流行った専門家横断型の協同組合形式は、説明した通りでそれでお客さんが来る訳でもなく流行らなくなりました。
どちらかとうと同一資格で奥の深い形、弁護士のグループの法人の方が成功しています。
弁護士ドットコムト言う集客サイトも成功していると聞きます。
ここで、お客さん心理を考えてみましょう。

相談したいニーズは決まっている。しかし、その担当となる先生と相性が合うかが気になるのだと思います。
ただし、この発想も弁護士のような、メジャーなイメージの資格でないと利かないと思います。

専門家ネットワークモデル　間違いケース

行政書士のＩさんが当事務所に相談に来られました。
近年売り上げが目に見えて落ちて、抜本的な対策に迫られていると言うことでした。
アイデアとして、市街地の人通りの多い道路に面したビルのワンフロアーを借金してでも借りて、知り合いの弁護士を始め士業をラインナップして総合事務所を立ち上げたいと言うことでした。
背景として行政書士事務所としての集客力に限界を感じていると言うことでしたが、私の下した判断は「止めた方がよい」と言うものでした。
理由は、モデル解説の中で、話した通りですが、少々補足します。
まず、相談者のニーズはピンポイントで特定されているものでワンストップ制と言うのはあまり効きません。ウイングを広げたら客が増えると言う考えは錯覚です。
例えば、弁護士事務所と言うのは先生個人の信用とブランドで顧客を吸引するもので、実力のある弁護士にとって他人と総合事務所を構えることはブランドを強化することにはなりません。よってこのような話に乗るのは集客力のない弁護士になりがちです。
また、このような共同事務所を構えると売上、フイー配分、事務所運営のコスト配分で揉め事が必ず起こります。
しかし、このような考えに陥ってしまう先生は多くいます。
ユーザー側の立場に立った真の利便性を考えることが必要です。
そのために、この分野なら負けないというジャンルを決めて、その分野で圧倒的な信用を苦しくとも築いて行くことが最も優先事項です。

１１．センター集中レバレッジ

これは、ジャパネットたかたのコールセンターを思い浮かべていただくと、分かりやすいと思います。

このレベルの段階を説明します。

・事務を集中管理する

これがまず、第一歩です。

これはネット通販の発達している現在では、必ず考えるべきことです。

しかし、この段階までは、ある意味誰もが考える経営の合理化です。

次のステップは

・出来るだけマンツーマンの営業行為をなくす

ジャパネットの場合はＴＶ画面で高田社長が実演して、受注から電話で受けるということをします。

営業マンと事務のセンターの併存でもかまいません。出来るだけうまく連携するということです。

最近言われ始めたのが

・インバウンドマーケティングという考えで、事務センターのオペレーターが顧客との会話の中で次のセールスや、商材開発につなげるということです。

これは、顧客の事務ワークやクレームを受けながらも次の営業につなげるという高度なテクニックです。

電話のやり取りのみで次のステップにつなげていくのですからかなりストレスの溜まる業務です。

<u>現状マーケットでは？</u>

近年では消費マインドが低下して行っていることからコールセンターに入ってきた問合せから深耕や次への商材開発に繋げて行こうと言うインバウンドマーケティングの考えが流行りつつあります。

しかし、「ストレスが溜まり易い」コールセンターでは特別な労務管理の配慮が必要となります。(「コールセンターの上手な運営法」安藤栄一著作に詳しく説明されています)

センター集中モデル　間違いケース

Ｐ社は営業が成約してきたら事務センターに引き継ぎ、電話によるオペレーションによって対ユーザーに対して商品の取扱説明を進めていこうと言うセンター集中システムを取り入れました。訪問営業マンも存在するので、ジャパネットのような集中事務システムではありませんがこの業界では画期的な動きでした。
しかし、センター集中管理システムのランニングを始めて社内は揉めごとだらけになりました。
・クレームが起こるとどちらが顧客に説明に行くかと言うことで問題が起こり、営業は「商品の専門的知識のある事務担当者に行って欲しい」と言い、内部事務者は「お客さんとの接点のある営業が行って欲しい」となりました。
・Ｐ社社長が業績の発破をかけるとこのような事態が頻発して、営業と内部事務の対立はますます激しくなり、社長はこの仕組みを続けるべきか悩み始めました。

このようなセンター集中方式を取る場合は事前に社内意思統一を図る必要があります。
電話オペーレーターのような内部事務者はもともとストレスが溜まりやすく、評価されにくい職種なのです。
トップの労務管理での配慮が必要です。

１２．組み合わせモデル

　レバレッジによる売上反映のスピードアップを考える人は常に複数のモデルを組み合わせて経営資源のコストの低減を図っています。
例えばＰＵＳＨ型は拠り所となるサイトがあり、メルマガやメールDMを配信して、販売ページに引き込む形です。ＰＵＬＬ型のサイトでの宣伝、ＰＵＳＨ型のメールDMは実施しているところも多いでしょう。

コラボ型でも顧客に情報を発信する際に、よりテンプレート化出来るように配慮しているはずです。
レバレッジ手法の複数組み合わせは、経営の進んでいる事業所は取り入れつつあり、一種類だけでは既に差別的優勢は発揮できない時代になりつつあります。
複数のレバレッジモデルを組み合わせると言うことは足し算では無くて掛け算を構成し、売上への反映において爆発的な力を発揮します。
しかし、ランニング面に置いては効果が出るまでに、足し算の戦略より、時間的余裕を見るべきです。
効果までに至らず止めてしまうケースも多いのです。

ここで、仕組み化を作る時に常に商材・サービス提供の形をモジュラー化モデル、事務集中モデル考えておかないと、受注を取れば取るほど事業所内がてんてこ舞いになる危険性があります。

第３章　集客モデル検証

以下に著作物などで、紹介されている集客方法、あるいは、マーケテイングのモデルを検証しますが、全て当社にて実証してみた結果から解説していますので、ご了承ください。

１．与沢翼の秒殺モデル

与沢さんの秒殺モデルでの登場するアフリエイターとは、ネットなどで商品の紹介をしてマージン収入を得るビジネスです。
秒殺の方法と称しているのは
①アフリエイターに商材の宣伝を委託する
②顧客の問い合わせがアフリエイター経由で戻ってくる
③その顧客に自分の別の商材案内をダイレクトに宣伝する
という流れです。
これを一般的な業種に当てはめると卸売業が小売業のお客さんに商材案内を出して貰い、問い合わせのあったお客さんに自社の別の商材案内を即、出すという仕組みでしょう。
これは、私の説明した新集客手法では、自社に寄ってくる階段に乗る人を増やし、時間を置かず、階段を上げる営業をかけるということになるでしょう。
この手法を活用するならば、一般的な業界モラルとしてその名簿を活用することを先方（この場合はアフリエイター）断りを入れるべきでしょう。
この手法はある商品について購入した瞬間に別の推奨商品情報を流すという手法でも現在は頻繁に使われています。
当社でもこの手法を試した結果、一定の効果はありましたが、効果はその商品や販売元

（この場合は与沢さん）のネームバリューに寄るところが大きいのではないかと思われます。
リストの活用法で時間を置かないで瞬時にアクションするというマインドは見習いたいものです。

２．神田昌典のＶ字理論

神田さんのＶ字モデルの理論の背景には人口減少社会という事実が重く入っています。
現状のままに人が労力をかけて事業をこなす経営体制を続けると人口減少要因でほとんどの企業は既存の売上が減少するという見立てをしています。
Ｖ字理論とは、受注型→コンテンツ型→プロでクト型→コミュニテイ型→ショップ型→プラットフオーム型→メデイア型→マネー型と進むべきだということが図式で示されています。
Ｖ字というのは、ちょうど中間のショップ型の辺りでは管理コストの方が割高になって収益率は落ちると言うことです。
実は当社もこの道筋通りに、実践して来ているのです。ショップ型のところでは、マニュアル等の販売商材がコンサル受注より単価が一桁落ちる分、Ｖ字理論で書いてある通りに収益率が落ちる形になっていました。
コミュニテイ型以降に進む場合は、注目して貰うブランド形成が先に出来ていないと行けないということは言えるでしょう。
当書の理論は、人口減を背景としているＶ字理論とまったく一致します。
ここでもポイントとなるのはいかに少人数でこのような経営スタイルを回してレバレッジをかけるかということになると思います。

３．プロダクトローンチ

プロダクトローンチの流れ

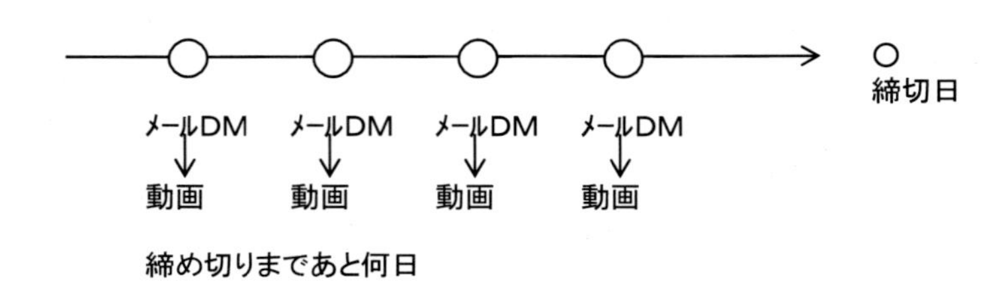

この手法には理論的な目新しさはありません。
強いて言うなら乗り遅れたくないという「あと○日」と訴求して行って、バンドワゴン効果訴求のために動画を最大限活用することでしょうか？
この手法が効くのはこれから儲けたいというベンチャー志向の個人です。
ただし、この手法もありふれた手法になりつつあり、高額の商品を売る場合が多く消費者もそれに気が付き始めており、反応率が落ちてきています。粗いビジネスをすると利益額は上がってもリストをリピーター用に使えないというケースが多いのも欠点です。

４．ロングテール戦略

このロングテール戦略は、上位売上の３つを抑えておけば、売上の７～８割を管理できるというパレートの法則の反対概念として生まれました。
まず、パレートの法則が通用しなくなったのは、右肩上がりの経済ではなくなったことと連動しています。
そこで、商品構成の裾野部分に焦点をあてて、利益を確保しようというのがロングテール戦略です。
この戦略が言われ出した背景には嗜好の多様化があり、自分だけの趣味のものを集めたいという嗜好性を持つ人は増えています。
それらの蒐集家はアリゲータと言われ、自分のコレクター品として自慢という形で広報してくれます。

また、これにもネットツールの普及が大いに関係していて、検索行為によりそのロングテール商材の販売場所に容易にたどり着くようになったということです。
しかし、裾野を広げていくには膨大な商品数をカバーしなければいけないことになります。
加えて、
・在庫管理技術
・ロジステイクス技術
が関係します。
通販手法で先進的な業者はほぼ在庫管理は委託しています。
私は中小企業ではこの部分で無理があるのではないかと思います。
ただし、アンテイーク品など、１件当たりの利幅がとれる商材ならば、ロングテール戦略での展開は可能になるかもしれません。この考えの延長が、将来の環境変化予測で述べたＣ２Ｃへの発展の可能性です。

５．マーケティングオートメーション（ＭＡ）

型を作り一定品質に仕上げるための工程をモジュラー化とすると、その営業工程をフローチャート化、テンプレート化していくのがマーケティングオートメーションです。
これは、成約までの流れの中で見込み度合いを自動的に算定していく仕組みが組み込まれています。
成約まであと一息のところでマンパワーのクロージングにつないでいくのが一般的です。
ここで、マーケティングを自動化していくのは良いこと（あるいは当然のこと）としても、このＭＡで儲けられると言うことはないということです。
この手法でもひとつの課題は商材のライフサイクルは短命化していますので、都度、商材の根本的な見直しが必要なるのです。

このMAの手法で参考になるのはリサイクルという考え方で、営業のプロセスの過程や、見込み度合いで問題の出てきたものはいったん営業サイクルの一段下に落とすという手法です。見捨てるわけではありません。
これも一定確率で、ＴＰＯが合えば成約に向けて復活してくるケースもあるということです。

６．ネットワークビジネス

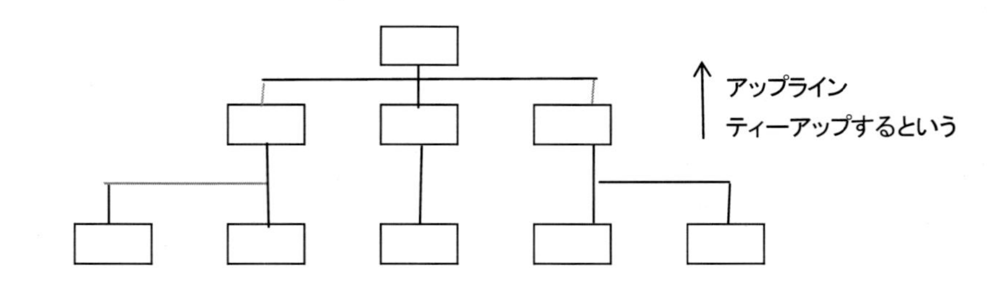

ネットワークビジネスとは昔からある方法でこの場合のネットワークとはユーザークライアントとのつながりではなくて販売側がピラミッドを構成していることです。販売に係る利益がピラミッドの上層部に吸い上げられて行く仕組みです。
よって普段の構成員の活動は自分より下の組織を形成していくということになります。
ここではこのシステムの適法性は論じませんが、分かりやすく言うと商品サービスがしっかりと介在していれば適法と言え生命保険会社等の大手企業の組織でさえつまるところこの形です。
基本的にはこれからのビジネススタイルとしてこの形も勧めません。
ひとつには繰り返して述べてきた通りマンパワーのみを頼みとしての商法はペイしないという見立てです。
加えて利益を吸い上げる系列を縦に長くすればするほどクライアントに販売する価格が高くなるという矛盾をはらみ、これがトラブルを起こしやすい要因ともなっています。

マンパワーをかけてのスタイルはペイしないということであればサイドビジネス程度であればどうかということになりますが、事業としてこれに賭けて真剣に売らねば売れないという矛盾が出てきます。
現状としてはこのようなシステムの主催者はノルマを達成しない一定以下の者は切り捨てる方向に出ています。
ここでデメリットだけでなくこのシステムの強みを分析してみましょう。それはこのシステムで頻繁に行われるティーアップという手法で商品を販売する際に、ある組織のスタッフの勧誘を形成する際に組織の上の人を立てて営業しようという姿勢です。
確かにこのように第三者の信用を借りて営業することは効果があります。
しかしこのケースの場合は特殊であり、組織内でのアップラインの紹介となりこの人はこんなに儲けていますという形なのでやはり疑問点は残ります。
それだけ、利益額が吸い上げられていると言うことですから・・・

7．データドリブンマーケティング

アメリカのノースウエスタン大学の非常勤講師のマーク・ジェフリーの書いた表記の著書（ダイヤモンド社）があります。アメリカでは、流通環境の変化に対応したマーケテイングの考え方とその指標作りに熱心です。環境激変の捉え方は、本書とほぼ同じです。
経営戦略、特にマーケテイングの研究度合いについては、常にアメリカは我が国のかなり先を走っています。我が国のこの分野でなぜ遅れているかと言うとやれば出来る精神論が進化を遅らせているのです。

表記図書では最も重視するマーケティング指標は15項目あります。
①ブランド認知率
②試乗（お試し）
③解約（離反）率
④顧客満足度（ＣＳＡＴ：Customer Satisfacation）

⑤オファー応諾率

⑥利益

⑦正味現在価値（ＮＰＶ: Net Prezent Value）

⑧内部収益率（ＩＲR: Internal Rated　of　Return）

⑨投資回収期間

⑩顧客生涯価値（ＣＬＴＶ:Customer Lifetime Value）　　　　、

⑪クリック単価（ＣＰＣ:Cost　per　Click）

⑫トラッザクショッコッバージョン率（ＴＣＲ:Tranzaction　Conversion　Rates）

⑬広告費用対効果（ＲＯＡＳ: Retur　on Ad Doliiars Spent）

⑭直帰率

⑮ロコミ増幅係数（WOM:Word　of Ad Mouth、ソーシアルメデイア・リーチ）

まず、本図書に書かれている通り、中小企業においては全てを活用すると言う必要はないでしょう。

さすがアメリカという参考にすべき部分は多くあります。

例えば、②試乗率は、顧客の購入の心理負担を下げるのに「保証」と同じく重視されている施策です。我が国でも取り入れている企業がある割には、効果性をデータ化して、分析している企業は少ないのではないかと思います。

また、⑮のロコミ増幅計数についても、重要性は分かっている割には指標化の努力自体を諦めているのではないでしょうか。

本図書では、SNS でシエアされての「いいね」などの協賛件数を図って行くと定義しています。このように、やる気になれば指標化できるものはあります。

第４章　生産性向上と集客の接点

１．生産性向上と集客の接点考察

近年、生産性向上の要件を重視する中小企業施策が相次いでいます。
具体的には、経済産業省施策として
・経営力向上計画の条件となる指標が付加価値ではなく労働生産性となりました。
・ものづくり補助金では賃金向上を加点要件としています。
公式は
労働生産性＝付加価値額（営業利益＋人件費＋減価償却費）÷労働投入量
これは、付加価値額を労働投入量で割ったものです。
この場合の分母の労働投入量とは労働者数、または、労働量（労働者数×労働時間）
どちらでも良いとなっています。
条件は、計画期間３年で１％、４年で１．５％、５年で２％以上の増加となっています。

厚生労働省施策として
・生産性要件が設けられほぼ全ての助成金で、助成限度額が１．２倍になります。
　生産性指標とは
（営業利益＋減価償却費＋人件費＋動産・不動産賃貸料＋租税公課）÷従業員数
という形で、シンプルに言うと産出÷投入となります
・３年前と比較して、６％以上増加していること必要です
（２０１７年に１％以上の増加率があれば金融機関の評価が「事業可能性あり」と見なされると要件達成との条件緩和がありました。１４６Ｐで解説しています）
これらの労働生産性重視の施策が出てきた背景として、
・世界ベースでみて同一労働、同一賃金の圧力があり、我が国は労働生産性の低さを長

時間労働で補っている傾向があります
また、企業会計上に算入されない労働時間も多いと見られています
・過酷な長時間労働が過労死、過労自殺、労災事故につながっています
以上への反省でもあります。
・業務改善助成金については最低賃金者（時給1,000円未満に限る）の時給を上げることを条件に、５０万～２００万の設備投資助成がなされますが、申請書の中でどのように作業が効率化するのかが問われるので実質的に生産性向上が狙いです。
業務改善と言う視点からこのような施策が出てきているのも背景は同じです。

そして、なかなか内需が伸びずインフレターゲットが未達成になっていることへの反省から来る、内需振興策の一環です。このデフレ脱却出来ない理由としていわゆる非正規社員の賃金の薄さから来る生活不安があるのです。
もっと切実な問題として、労働人口の減少期にかかり、雇用条件の中で労働生産性が低い、すなわち時給が見劣る中小の事業所には今後、働き手が来なくなるという事情があります。

では、今まで述べてきた
・集客理論
・レバレッジ経営
とは繋がりがあるのでしょうか?
大いにあります。
生産性向上は、集客の基礎となるもので、現状の業務スキームが無駄のないものにしないといけないのです。
儲かっておらず、かつ忙しい事業所のよくある事情として、
・事業主は下請けとして納品先企業への報告書作りなどに追われている
・庶務が１日かけて封詰めなどの配送業務をしている
などの現象があります。企業活動の根幹である「集客方法（小売業)」「商品選定（卸売業)」「技術開発（製造業)」に全く時間をかけられていない事情があります。

この悪循環はトップがどこかの時点で意識して革新していかないと絶対に抜け出せません。

次に第２巻で解説した知的資産経営との関連性を考察してみましょう。

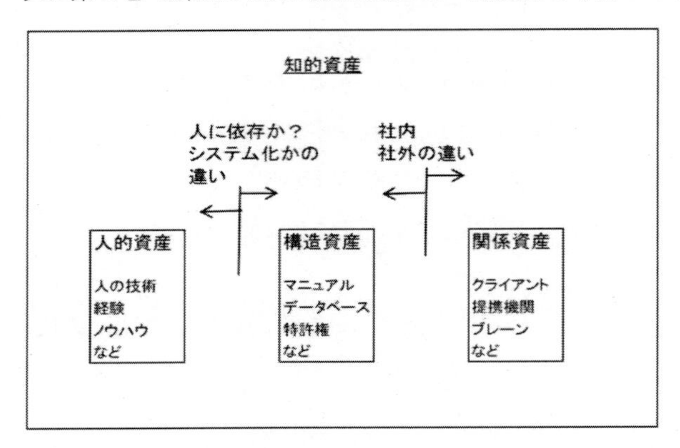

このような関係表で解説しました。

ここでは、左の人的資産から構造資産への移行で生産性向上を図るという流れになります。人に頼っている限り、組織としての再現性はありません。

右への移行はこの場合、コア部分では無い業務を外注化すると言うことになりますが、そのケースでも自社内で生産性の上がるやり方をまずは構築してからアウトソーシングしないとコスト高になります。

話を戻して、生産性向上とは、人の介在（マンパワー）のウエイトを少なくて済む方法を常に考えていくと言うことです。

ここで機械化すれば、人との触れ合いがなくなってしまうと思った方はビジネスマインドが足りません。「ハイタッチ」という項目で述べますが、システム化された流れの中で人のサービスをうまく挿入するのです。あくまで、主旨は業務プロセスで付加価値の低いところにはマンパワーをかけるべきではないということです。

また、従業員が高齢化している事業所に置いては負荷のかかる業務を放置しておくと業務災害にもつながりかねません。まずは、現状の業務フローの流れを確認しましょう。

２．生産性向上のケーススタディ

　これは、紹介した業務改善助成金で厚生労働省が紹介している事例です。
厚生労働省のリーフレットで紹介されている事例は
・電子薬歴管理システムの導入に伴う業務の見直し・効率化
・ウェブ会議システムの導入による高付加価値業務へのシフト
・自動車整備ネットワークシステムの導入による顧客サービスの向上
・オーダーエントリーシステムの導入に伴う業務の見直し・効率化
・小荷物専用昇降機の導入による移動負担と商品ロス削減
・専門家の業務フロー見直しによる顧客回転率の向上
・モバイル端末の導入によるカタログ費用や移動時間の縮減
・顧客・在庫・帳票管理システムの導入による業務効率化
などです。

特に、飲食業・サービス業において、駅前や、店前でビラ配りしている風景が見られます。
あの営業行為は効果があるからするというより、何もしないよりまし、あるいは、頑張れば何とかなると言う精神で行っているように見え、従業員モラール低下が懸念されます。
集客システムの仕組み化は生産性向上の視点でも重要なことです。

第５章　新集客法での不可欠要素

１．ローコストオペレーション

業種・業種を超えて今後の経営にはローコストペレーションが求められます。
従来、店舗設置に対しては
年間キャッシュフローを店舗設備投下資産で割り算して２～３年で回収と言うのが一般的な考え方でした。
これは２～３年で回収して、設備耐用年数をその倍と仮定して、その後で儲けると言う考えがベースにあると思われます。
しかし、近年の流行の形態は２～３年も持たないこともあります。
その証拠に繁華街の飲食店街の並びを５年のスパンで調査すると驚くほど入れ換えが起こっています。
また、店舗設備した投下資産は、その場所から逃げることが出来ませんので、出来るだけ費用を抑制することが必要です。

人間の心理として立ちあがりの初期投下資産はどうしても目に見える、形に残るものに意識が行きがちになるのです。コストをかければ安心と言う思考になってしまうということです。
このローコストペレーションと第２章のレバレッジが重なります。
このポイントが分からないと店側のサービスが安かろう悪かろうになってしまいます。
銀行の店舗内のＡＴＭサービスを思い起こしてみましょう。
・自分で操作してもらう代わりに手数料は窓口より少し安く設定してあります
・店舗内での受付という選択肢も残しています
・店舗内が混んでいない時はＡＴＭ機に付き添ってガイドしてくれます

このように客がスムーズに移行できるように工夫が見られます。
金融機関はこのような、移行期を通り越し、ＡＴＭ機においても月末は出金や振込で混んで列をなすというデメリットが出てきたために現在は家庭、事業所内でネット操作で振り込みの出来るインターネットバンキングを普及させていったのです。

ケーススタデイ　ローコストペレーション

このローコストオペレーションの代表は、洋服のチェーン店の「しまむら」だと言われています。是非、視察してみてください。
この分野においても仕組化を入れているかがポイントです。
まずは、商品の調達体制はもう一方の雄のユニクロの直接生産体制と対極をなすメーカー、卸からの仕入れ方式で、その協力体制を最大限にローコスト体制に生かしています。
次は、８０％を占める短時間社員の有効活用で、先輩ベテラン社員を立てながらもパートからの細かな改善提案を取り入れています。
また、忙しさを一定以下に抑える販売戦略（広報の仕方）を取り入れている感があります。目立つ宣伝はしないということです。
今後は、忙しい時の人員体制を整えるのが大きな課題となってきます。
地方ではスタッフ要因の増員が不可能になり撤退と言うケースさえあります。
接客で一定以上に忙しくしないような策を取ることは考えて行くべき戦略です。

２．見えにくさ

現在はベンチマーキングという手法が発達し、新たな手法を確立させたとしても、直ぐに模倣する人達が現れ、ノウハウがコモデティ化してしまうということがあります。
レバレッジが効かなくなるということです。
横から見えにくいシステムを構築すべきです。
その意味ではレバレッジの手法の組み合わせを常に考えるべきで
・ＰＵＬＬ型、ＰＵＳＨ型、モジュラー化レバレッジなど汎用性のあるものは常にスキームの中に複数組み込むことをシミュレーションすべきですそして、ビジネスモデル特許などメソッドとしての権利登録できないかも検討すべきです。

ケーススタディ　セブンイレブンと他ＦＣの違い

　皆さん、セブンイレブンと他のコンビニエンスのＦＣの利益率がかなり違うことはご存じだと思います。

　そこで、一見、同じような店舗のコンビニエンスストアでそのコンテンツ（仕組み）の違いを見つけてみると言うことは絶好のトレーニング題材になります。

　以下に、私の分析を上げますが、これだけでは無いと思いますので是非、店舗に足を運んで考えてみましょう。

・セブンイレブンは法人ではなく、脱サラで夫婦で働ける創業者を中心に構成しています。
ひとつにはやる気の問題でしょうが、もうひとつはＦＣのザーとジーのパワーバランスの問題があり、地域の実力者をフランチャイジーとしてしまうと、本部に対してパワーが大きくなり過ぎるということがあります。
・セブンイレブンは生鮮品を、時間が過ぎても値下げしないで廃棄する方針で新鮮感をアピールしています。
ただし、関西では逆に、タイムセールが消費者の好みであり、その新鮮弁当の人気は関東ほどではないと聞いています。
・商品の棚割りでも、セブンイレブンは、売ってはいけない商品は置いていないので特にレジ回りなどが他ＦＣよりすっきりしています。
これも関西の客は逆にがちゃがちゃした店内レイアウトが好きな人も存在します。
・セブンイレンブンの年末のお節は人気商品でオーナーは頑張って売ればオーナーの年末ボーナスのような特典となります。
・ＰＢ商品の利益率の優位性、ドミナント戦略についてはご存じの方も多いと思いますが、来店の顧客数の見込みのないと分かった地域では複数店で引いて行くドミナント撤退もありえます。

３．企業コンプライアンス

　ここまでで

・現在は消費者と繋がっている時代なので、それを意識して反応させる技術が大切

・レバレッジをかけ小資本で集客することがポイント

・心理学としては乗り遅れたくないと言うバンドワゴン効果を狙うべき

となるとどうしても犯してしまいがちな間違った行為があります。

(1)陥りやすい行為と法律

それは、守るべき一線を越えて、「煽る」ということをしてしまうということです。

この傾向は中小企業、大企業ともにあります。

それを予防する考え方としては

・企業ビジョンと販売促進を一致させる

・真実でないことで広報しない

・法律を守る。コンプライアンスを順守する

ことです。これはもっと売りたいと言う欲望が出てきますので、常に意識していないと出来ません。メールでDMを打つ場合には「特定電子メール送信の適正化に関する法律」という遵守すべき法律があります。

・相手の承諾のないメールを送る場合には以下の点を順守する必要があります

・題名に非承諾広告※と入れます

・発信者を明示します

・継続的に流す場合には解除法を明示します

相手の承諾のないメールを送ることをネガテイブオプションと言い、消費者保護の立場から、規制する法律は強化される方向にあります。

しかし、メールDMの場合はクレームをつける程ではないと言う思いよりレスポンスしないと言うことが、この手法を流行らせているのだと思われます。

ＦＡＸDMになると用紙を消費することよりクレームをつける割合は高くなります。

もうひとつのコンプライアンス違反は、顧客の各段階のランクアップの比率が掴めてく

る（各階段に滞留している人数が良く見えると言うことです）ので、分母を増やすために名簿を不正な手段で入手するという発想に陥りがちだと言うことです。
このような手段で取得した名簿は、「薄い」名簿とも言われ実戦ではあまり役に立ちません。その対句となる「濃い」名簿とは自社でじっくりと育てた名簿です。

(2) リーガルマーケティング

旧マーケティングが広告物を撒くのに一定のエリアに合理的公式で絞っていく手法とすると新たな集客の手法は全てがつながっている中で反応させる手法と言えます。
この流通の変化に気の付いている人は既に気が付いています。
しかし、それに気が付いているがゆえに陥りやすい最大の注意点を申し上げます。
それは、反応させることが最も大切なマーケティング要素であるがゆえについ、消費者を煽るという行為に出てしまうということです。
例えば、通販関係で、
・残りあと僅か
・締め切り間近か
などは、販売側の都合のみで煽る手段としてつけられているケースがほとんどです。
そして、消費者はそんなことはもうとっくに分かっているのです。
なぜ、この危険性に嵌るかというと新集客法では、問い合わせ件数／反応した人、あるいは、成約数／問い合わせ件数というような比率が見えてきますので、煽るという行為により、比率を上げようとしてしまうのです。

しかし、これらの煽るキャッチコピーには消費者も飽き飽きしている面があり、注意すべきです。(販促の教科書にたとえ、そう書いてあったとしても)
更に、注意すべきは、流通には今さまざまな法律が定められており、それを逸脱してはならないということです。
しかし、法律を守ることだけに腐心していてはマーケティング効果は出ません。そこで、法律を守りながら最大のマーケティング効果を狙うという研究が行われています。
これをリーガルマーケティングと言います。

これは、主に表現の規制の多い、化粧品・健康食品業界で行われている研究ですが全業種で考えるべき時代になってきていると思います。

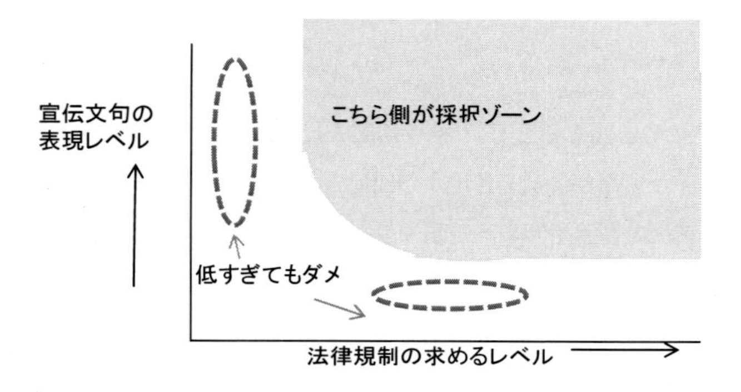

ケーススタディ　コンプライアンス違反

企業コンプライアンスの違反の類型は２通りあります。

・営業の行き過ぎ、不正な手段での名簿取得など

・商品内容の偽装

で、様々なニュース事例よりマスコミ及び我が国の消費者感情は後者の類型の方に厳しいようです。事件発覚後の対応を間違うと企業破たんにまで繋がっているケースもあります。

東芝グループの不適切会計、東洋ゴムの性能偽装、旭化成建材の工事偽装などです。
東芝のイメージダウンに見るように、企業会計（決算）も真正なものを公告しないと、行けない時代になりました。そして、悪いニュースで最も有名になってしまったのは、カメラの前で経営者が後継者に嘘を促す様に言ってしまった船場吉兆でした。

前者の営業行為の行きすぎには、金融商品の押し売りなどの事例がありますが、契約は自己責任という言葉も背景にあるように、購入・契約した方も悪いというニュアンスが少し入ってきます。かといって推奨している訳ではありません。

こちらの方はインターネットなど最新テクノロジーと合体しているケースが多く、商取引の法律で取り締りも始まっており、違反摘発事例も見られます。

４．ハイタッチ

新たなマーケティング手法で展開するとビジネスが成り立った瞬間から会社所在地との物理的距離の概念は関係なくなり、全国各地から問い合わせが入ります。
そうなると、販売の一連の流れをクライアントの顔も見ないで、あるいは、肉声も聞かないで済ませるということが普通になります。
そこで、販売サイクルの中であえてユーザーとのやり取りを取り入れること、すなわちヒューマンタッチを入れるという手法があります。
ここで、購入客より
・顧客特性情報を収集
・商品の満足度を測る
・次の商材のアイデアをいただく
ということを狙います。
クレーム顧客（*）に対しても同じ効果があります。
よって最近、クレーム客の情報さえ重要といわれるのです。

（*）この場合のクレーム顧客には、モンスタークレーマー客と言われるクレームをつけることが目的と言う顧客は含みません。

ケーススタデイ　コールセンター
通販会社の高度な戦略として、取り扱い説明で、ユーザーが使用時に必ず、疑問に思うところをあえて解説を省略すると言うことがあります。

あえて、電話をかけさせるのです。
そこで、人の声で解説を聞くと、ユーザーは感謝するのです。

この方法にはもうひとつ効果があり、コールセンターのスタッフが分かっていることに答えるのでストレスが軽減されるのです。
コールセンター運営のノウハウには高度なテクニックが要求されます。
ストレスが溜まりやすく、評価されにくいからです。

５．マーケテイングパラノイヤ回避

パラノイヤとは偏向です。
これは、自らがマーケティングをした商品・サービスについてライフサイクルが過ぎているのに営業推進のステージから外せずにコストをかけ過ぎてしまう心理偏向の現象です。
いったん売上がたった訳ですから、どうしても次の商品へ移行していくのに未練が残ります。この引きずる現象をマーケテイングパラノイヤと言います。
しかし、消費者の望んでいるものが売れるのが正常と考えると、マーケティングパラノイヤに陥ってしまった状態は、プロダクトアウトという販売者中心主義の要素が入っていることは否めません。
売り方（ノウハウ）におけるマーケティングパラノイヤに陥るということもありえます。
マーケティングパラノイヤに陥ることなく、商品のライフサイクルを早めに察知しても、難しいのは次のヒット商品探しです。
そのステージの終わった商品と全く違う分野の商材を探すよりも、その商品の周辺の情報からリサーチに入っていくべきです。
もっと良いのは既存商品のバージョンアップした商材が成り立つケースです。
そのように展開していかないと今まで培ったノウハウが無駄になり、一からマーケティングしないといけないからです。
これは、創業して自分の商材を販売しようとする商品の需要動向を図る時にも当てはまり、売り方、値段などをＡ／Ｂテストで変化させながら少しずつ周辺をリサーチしていくべきです。
そのちょっとしたズレで、売上に至っていないというのは良くあるケースです。

人間の心理としては、いかにしてもこだわりというものからは逃れられません。
よって、このマーケティングパラノイヤに陥るなというアドバイスは１００％守るのは難しいものがあります。
しかしながら、画期的な商品を作ったと言う自己満足だけで何年も引きずるのは得策ではありません。
まだ一度もあたりが来ていない事業者であっても周辺を捜せと言うのは同じです。
微妙なポイントのずれが消費者側から見ると重要な場合があります。

ケーススタディ　映画配給会社

マーケティングパラノイヤを説明するのに常に最初に出てくるのがハリウッドの映画配給会社の事例で、映画館のロードショーでの集客が下降に転じた時代に、かつての映画館での集客した時代の栄光にこだわった配給会社は倒れ、ロードショー後のＤＶＤレンタルで収益を上げるモデルに転換した配給会社は生き残ったという事例です。

第2部
商品コンテンツ開発の手法

第6章　コンテンツとスキーム

商品コンテンツと集客スキームのどちらが重要なのでしょう？
ここで、集客スキームの方はプラットフォームと言う場合もあります。
結論から言うとどちらも必要です。
しかし、上位は、商品コンテンツの方です。世の中イメージではそれが逆転しています。
コンテンツとは、すなわち商品・サービスの特質を示したもので、消費者は商品コンテンツを買いに来るのであって、集客スキームを買いに来るのではないのです。
集客スキーム、あるいは、プラットフォームは商品コンテンツを広めるためのものです。
このように考えると現状では綺麗なプラットフォームを作ることばかりに精力をつぎ込んでいる割には内容の無い、あるいは、真似て作ったようなサイトばかりが目に付きます。
あるサイトがヒットすれば真似しますので個性の無いものが氾濫するという正に合成の誤謬の状況が見られます。
ネットでの集客スキームを敷いて行こうと言うマニュアル本には以下のようなフロー図が示されています。ランデイングページとは問合せ、あるいは販売ページです。

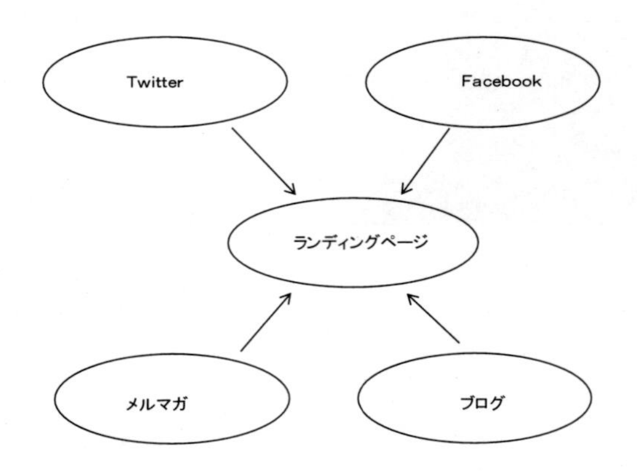

確かに、このスキームは現在では、ほぼコストなしで組めます。

個人ベンチャーでも一定数の人に自分、あるいは自分のサービスを露出することは可能な時代になりました。

しかし、ここで、リアルタイムで配信をかけていかねばならないツールは、メルマガ、ブログ記事ですが、内容がないためにすぐネタ切れを起こしてしまうと言うのが良くあるケースです。

これは、内容を深めて準備をしておかないと続きません。

A商品を販売にかけるのにアップする内容がいつも天候の話題では次第に見なくなるでしょうし、何より、売上が上がりません。

若いベンチャー志向の人も、ネット塾のようなものに行くと、集客スキームの形だけを教わりますので、ほとんどのケースでここで詰まります。

ここで、大きな課題があります。

一事業体が商品コンテンツと集客スキームの双方を開発するということは困難が伴うということです。

これは、不可能とまでは断言しませんが、片方を成し遂げていくだけでも相当なパワーが必要であり、ゲーム業界のように作業分化が効率的とは言えるでしょう。

商品コンテンツの定義をしておきます。

以下の図を見てください。

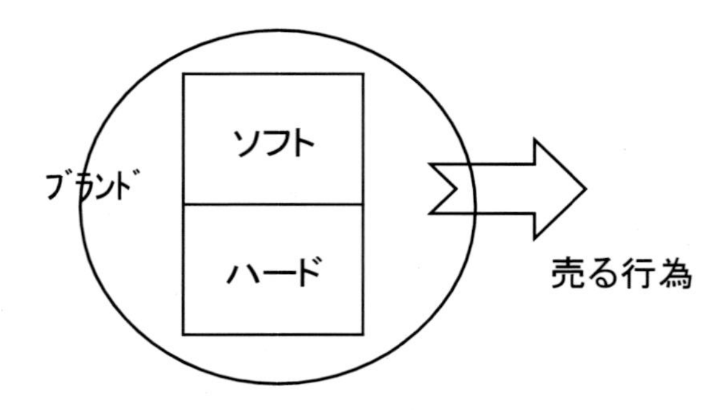

これが、ものを売るというビジネス類型を分解したものです。
ハードとソフト部分があり、それに売るというパワーを加えて成り立ちます。
その売り方も含めてブランドが形成されます。
ハード、ソフト、売る行為のどれかに特化してもビジネスは成り立ちますが、通常これが一体として合わさっています。
この中でハードとソフトでは、ソフトの方にウエイトが置かれていきます。
それが、サービス経済化、コト化と言われる現象です。

コンテンツを編み出す手法を説明します。
コンテンツは０（ゼロ）から編み出すことも可能です。
しかし、
・あらゆるコンテンツは既にある
・０から生み出すのはパワーが要る
ということで、叩き台を決めてそれをベースに作っていく方が早道です。
そのたたき台とは何でしょうか？
既存の業界慣行です。
業界から見て、特異なポジションを取ることで、市場で光るものが生まれます。
これにも順序があります。
①既存の業種のコンテンツとは何かをまず定義する
②その定義の中で何に選択と集中するかを考える
③業界慣行を破る、逆を行く
という順序です。
順に説明します。

①既存の業種のコンテンツとは何かをまず定義する
意外と業種の定義というのは曖昧でもやっとしたものです。
そこで、顧客の要望により、徐々にその業種の定義が広がり、利益率を逆に落とすという現象が起こります。

それは、業務集中がなされていないので、経験曲線によるコスト低減がなされないということです。
中小企業にありがちな、バタバタしている割には儲かっていないと言う事態に陥ります。
今後の人口減で採用、スタッフ増員もままならない時代になりますので、真剣に業務範囲を考えていかないと事業が立ちまわらないことになりかねません。
ＩＴ関連事業、コンサルテイング事業など一見有望な分野でもこの事業定義を絞らないと何でも屋になりがちです。

②その定義の中で何に特化して作るのかサービス部分をブレイクダウンして、選択と集中する。次に、その範囲内で、最も強みを生かせるものに絞ります。
絞ることにより、時間と工数を投入して、内容に分厚さを出します。
ここでの注意点は絞ると言うことは、捨てると言うことになりまのでその難しさです。

③業界慣行を破る
これは、①の業界定義、②の選択と集中の上に行います。
行動計画の作り方は意外と分かりやすく、業界と逆のことをやれば、それがすなわちクライアントの望むことであり差別化になります。
苦しいのは行動計画策定よりも、一人業界の逆を行く孤独感です。
これは、逆に言えば、事業者は通常、その孤独に耐えられません。
業界組合の集まりがありますが、儲かっていない状況を確認し合っていると言えると思います。そこに安心感を感じるという構図がどの業界にもあると思います。
ここでは、恐縮ながら当社の事例で普通の先生業から情報に特化した動きの事例を最終章で紹介しますが、正に、既存の業界との鬩ぎ合いがありました。
このような動きをする時は補助金などの施策は活用しない方がうまく行きますので施策活用事例はありません。その理由は、第１３章の中小企業施策との関係性の章で解説します。

ケーススタディ　コンテンツの方が上位である事例

面白い事例があります。
プロ野球のイチローが１０億円稼いでいるとします。
これをＴＶ、動画、ラジオ、ＣＭなど様々なプラットフォームで見た人が１億人いたとします。
すると一人当たりが１０円の価値を認めて支払ったとしますと１０億円で帳尻が合うのです。
当然、１０円くらいの価値は当然あるでしょう。
この場合、やはりイチローというコンテンツの方が不可欠であり、媒体となるプラットフォームは、何であっても代替が効くのです。

池上さんの手法も同じです。池上さんは、あらゆるメデイアを使い世界で起こっている出来ごとを分かりやすく解説しています。その関係は伝えるメデイアが上位なのではなく一般人は池上さんの解説に関心があるのです。そこで、池上解説を目指してくるのですからどのメデイアでも良い訳です。
これも、イチローと同じく一人当たりが１０円の価値を認めて支払ったとしてもニュースを理解できたのですから価値のあることなのでしょう。池上さん自身はそれ以上の何億もの収入を得ているでしょうが・・・

第７章　Ａ／Ｂテストとデザイン思考

１．Ａ／Ｂテスト

Ａ／Ｂテストの手法とはシンプルなもので、Ａの方法が良いのか、Ｂの方法が良いのか、ということで常に反応率の良い方に寄せていくということです。
これを測るためにテストの変数は１つにしなくてはいけないと言われています。
どの変数要素の効果か分からなくなるからです。
Ａ／Ｂテストの考え方を改めて見てみると消費者の嗜好に合わせると言うオーソドックスなものです。
しかし。旧マーケテイングの中で育った人が常にその発想でマーケテイングしてきたかと言うとそれはＮＯであり、商売の基本に立ち返るということになります。
このテストが常に出来ると言うのが新集客法のメリットでもあるのです。
Ａ／Ｂテストをする時の注意点を纏めておきます。

①ターゲットの明確化が必要
これは、当たり前のことですが現実には難しいものがあります。
しかし、先にターゲットを定めないとこの技法が意味をなさないものになります。
勇気を持ってニーズのありそうな顧客を限定化しましょう。

②一時に変える変数はひとつ
これも、このＡ／Ｂテストで重要と言われる条件です。
最も良くある間違いのケースはテスト中にデザインを一新して、効果測定をすることで、せっかく試行してもどの理由で顧客がアクセスして来たのか原因と結果の因果律が測定出来なくなります。

③マーケティングパラノイヤになるな

これが最も難しいことなのかもしれません。時代の潮流の変化が激しい時にはそもそもその商品・サービスが売れると言う前提（仮定）が正しいのかどうかを疑ってかかる必要があります。

マーケットを間違った土俵の上でA／Bテストをしていても意味がないということです。

ただ、一度、売上が上がった成功体験を持てば持つほど、こだわりが発生してこの振り返り行為が難しくなります。

2．デザイン思考

A／Bテストの他にデザイン思考と言う開発手法があります。

A／Bテストは用意されたAとBと選択になりますので、パッケージの変更やサイトの構成などとなり、ものづくり等の根本的なところまでは、及びません。

それに対して、このデザイン思考はインサイト（ニーズを深く考察すること）をして、このようなことで困っている人はこのようなものが欲しいはずだと言う仮想のもとに進みます。

欧米の商品開発者がデザインブックに商品のデザインのスケッチをしている光景をご覧になることがあるでしょう。あの手法です。あの時何を瞑想しているかと言うと困っているユーザーの深層心理です。

ユーザーのニーズは潜在的なところまでを想像するということでイノベーションにつながりやすいと言うことて注目されています。

このインサイトの際に正確性を出すためにはデザインを創発する前にユーザーのインタビューを行い、その答えに嘘がないということが前提です。

このデザイン思考に置いても製品試作のところからはユーザに対してA／Bテストの手法は使える訳です。

以下のような流れになります。

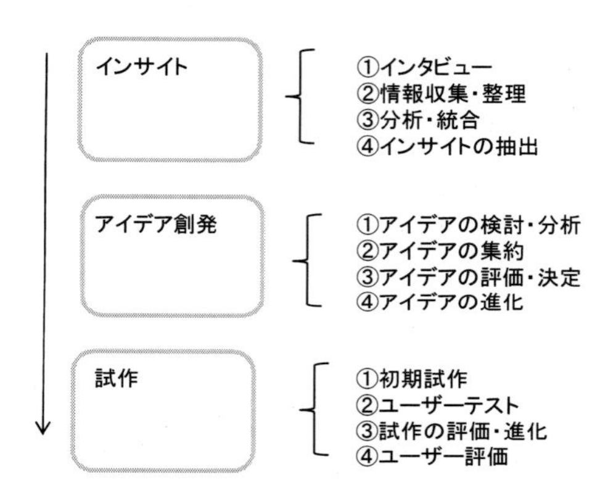

A／Bテストが、終始ユーザーの嗜好をカウント化して行くのに対して、デザイン思考でのユーザーとの接点はインサイトの①インタビューと試作段階の②ユーザーテストです。
①インタビューがベースになりますので、嘘のなうよう慎重にユーザーの声を拾う必要があります。
②ユーザーテストではプロセスにおいてA／Bテストも活用できます。
この手法で社お困りごとをストーリー化して、解決のイノベーションを起こして行くわけですが、焦点をひとつに絞るべきで、あれも、これも解決しようと思うと総花的な漠然とした商品開発になってしまいます。

ケーススタディ　部品製造業もデザイン思考

飛行機のソファ部分を作る製造業では、長時間快適に座れるかという実験を繰り返しています。消費者・ユーザーが何を求めているかをイメージして品質を探ることを機能品質と言います。単に座れるだけではいけないのです。椅子の部品製造をしている製造業でさえこれ程の発想で臨めるのです。

第3部

集客資産とショップ論

第８章　集客資産の考え方

集客に関するほとんどの著作物は戦術レベルの内容です。
サンキューレターにしても接客法にしてもその戦術単体で集客出来るということがありません。
いや、正解があったとしても戦術レベルでは皆が真似して合成の誤謬をおかしてしまいます。そこで、差別化の強みをなくしてしまい、優位性のあるものではなくなります。
これは戦略レベルまでいっても同じことが言えます。
よって本書では、戦略レベルの考え方のみを延べます。
戦術レベルでは意味がないという話に戻ります。
企業の集客する方法は以下のような円環となります。
広報→集客→リピート→口コミ
このどこで、元に戻るかと言いますと、次の商品購入（リピート）のところです。
この円環全体が集客の仕組みであり、他社に盗まれにくい仕組みを構築しないといけません。
ここでは、この集客資産全体への投資と考えます。
それは、これをやれば絶対という確実な戦術レベルでの投資はないからです。
全体としてはまず、ローコストペレーションになっていないといけません。
時代の変化があることも想定して可変性・汎用性のあるものにすべきです。
例えば、ＳＮＳでの口コミに集中して力を入れてみてもユーザーが飽き易くなっている時代ではそのフラットフォームがいつまでも人気を保てるかさえ分かりません。
集客資産への初期の投資目的（目標）は売上・利益とするよりも自社の商品・サービスへ好意を寄せてくれる顧客の集客とする方がその後、うまく進みます。

商品・サービスのライフサイクルが終わり次への展開を考える時にはそれが命綱となります。
その意味で値幅は適正利益をつけておくべきです。
売上を上げるために荒っぽい値をつける方法がありますが、リピート購入して貰えるかとなると厳しくなります。
また、値幅を下げ過ぎると商品の魅力ではなく、安いから買うという動機になってしまいます。逆にネットでは高額の商品・サービスを売ることができるＴＰＯは確かにあります。、
例えば、事業開始を志す人はその不安からかなり高額のノウハウサービスを購入するという傾向があります。
また、申し込み締切日を決めて、プレリリースを繰り返していくという手法（プロダクトローンチ）は効果から見て使えないことはありませんが、煽る行為に対して最近は批判もあること抑えておきましょう。

ここまでを纏めると新たな集客法の概念では
・お客さんが心理的に昇りやすい仕組みを作る
・集客資産への全体への投資がローコストで成り立つ仕組みの構築
が、ポイントです。
ここで前提としているのは日本人の財布は細っているという事実で、これが購買までの小刻みな階段を作って消費への心理的なハードルを下げて行かないとなかなか消費が起こらない状況になってきているということです。

昇りやすい階段を考えるということで、帰納的にネットツール活用と言うことになるのであってネットツールありきという順序ではありません。

以下の図を見てください。
ネットツールの場合は以下の通りとなり、ほぼ無料に近いコストで細かい階段を作ることが可能となりますが、リアルな店舗の場合、かなりのコストをかける形となります。

お客さんにファーストステップを踏んでもらうのにかなりの投資がいるということです。

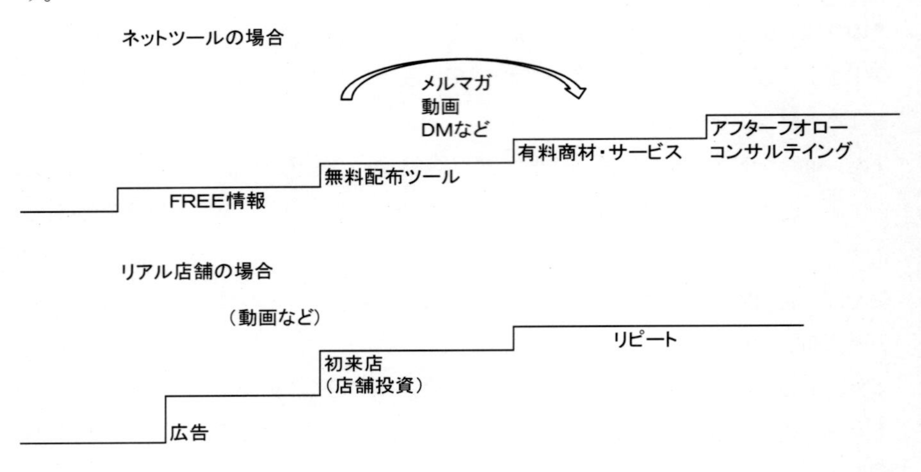

　そこで、当書籍では、店舗型においても繋がりの理論は残しながらも、初来店の部分の階段を出来るだけ細かく分解しました。顧客の心理的障害を掘り下げて昇りやすい設計にしようという解説をしています。

それは店舗管理に関する要素で分解すると

・立地

・看板

・店頭（フアザード）

・店内導線

・フエイシング（商品の棚割り）

・メニュー

・照明・ＢＧＭ・スメル

など多岐に亘ります。

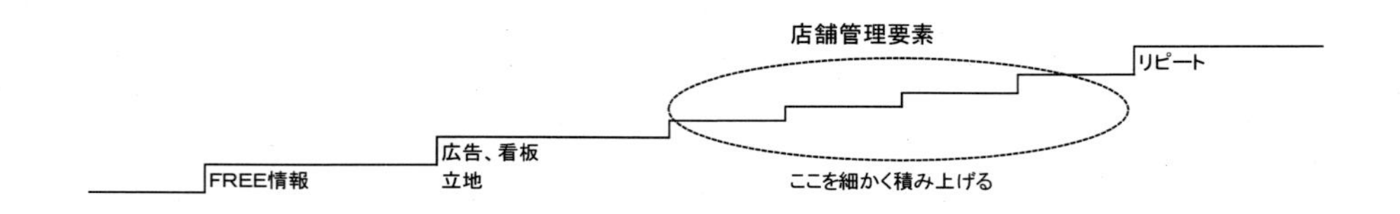

ここまでの解説で特別な理論を展開したつもりはなく集客に関係する要素の分解も納得できる範囲のものと思いますが、これらを総合的に解説した書籍も今までありませんでした。第１１章のショップ投資で詳しく説明します。

ここで、戦略はいかにあるべきかを小規模事業者の立場で考えてみます。

この階段システムで収益の上がるユニットを作れたとしましょう。この隙間のない経済下では、単純に売り上げを倍々ゲームで伸ばしていくことは不可能です。これは、論理ではなく、実際多くのベンチャー経営者が１～３億の壁に悩んでいるのです。

そこで、よくある行動は過去にそこを突き抜けた伝説の経営者のところにツボを聞きに行くという行動ですが、そこに隙間があった時代との差なので、アドバイスを実践しても好転はしません。

ここで、考えられるのは、レバレッジを利かした少人数、ローコストペレーションのままで、ノウハウをフラインチャイズパッケージ化して、他人のベンチャー精神のレバレッジを使い世に商品・サービスを広めていくという手法です。

他人の力を借りてこの階段をいくつも作っていくと考えると分かりやすいと思います。

第９章　集客資産各論

ここで、集客資産の中でもネットツールに関する注意点を説明しますが、あくまで考え方であり、テクニック論は省いています。
テクニックはすぐに陳腐化するからです。

オウンドメデイアかモール出店か、この問題について悩まれている方は多いと思いますが、考え方としてはリアルな店舗の時と同じです。
店の前の通行が１万人を超すパワーセンターの一角に店（テナント）を出しますか、人通りのほとんどない住宅地に店を出すますかという選択です。
もちろん単独店で話題性を醸し出し集客することは可能ですが、話題性を保ち続けることには意外と困難が伴います。
加えて、これにコストの問題が関係してきます。
通常、モールサイトに入るには、定額の領域の借り賃が要ります。。
ネットの世界では管理料と呼ばれます。
またモール内での成約については１件当たりのマージンを取られるのが普通です。
ここで、一点理解して欲しいのはモールサイトの中において、そのサイト（お店と言っても良いでしょう）は集客において、そのモールサイトを代表するくらいまで引き上げられれば、モールサイトの管理者側とのパワー関係に置いて、有利な条件交渉が可能になるということです。これは楽天等のメジャーなＥコマースでも同じです。
その他に、
・リステイング広告と言って検索と連動して広告が露出するようにする
・アフリエイターという商品紹介専門の人に委託して宣伝して貰う
という展開もあります。

これらのケースは成約ごとのマージンについては成約がどんどん成立すれば「嬉しい悲鳴」と考えるべきです。
また、ソフト部分を分厚くした利益率の良い商品でないと、このような戦略は取れません。理解して欲しいことはネットの世界でも集客して売る力のある人がパワー上位になると言うことです。
何を置いても売上の第一歩は集客なのですから

1．ホームページなどのサイト

構成について説明します。
・表題はターゲットを明確にしたコピーにする
表題を見て貰う時点で、想定している対象者に絞ります。
「——でお悩みの方へ」というのが代表的です。
最も大切な指標は問い合わせ÷閲覧しに来た人の比率であり、閲覧数ではないからです。
・商品は画像で証明
商品内容のコメントの横に商品現物の写真を載せます。
最近では、人が商品を使用している画像より、商品そのもののアップの方が効果的だと言われています。
消費者（ユーザー）の感じているリスクを消すということで、最も効果的なのは
・返品保証（お試し期間の設定）
・既に購入したお客様の声
ということですが、近年、後者は、いわゆる「やらせ」と見られ効果が薄くなってきています。記事に取り上げられたなどがパブリシテイと言われ良いとされていますが、これとて、有料掲載記事という手法もありますので反応率は落ちていると思います。

２．画像ツール

近年の傾向から、イメージ画像のようなものから商品そのものの画像を映すという方にシフトしています。
それは、商品を使用しているお客様の画像を載せるなど発展性もあり、まずは、親しみやすさを感じて貰うことが重要ということに皆気がついたということです。
画像の中でバナーというものがあります。
これは、商品の広告枠のようなイメージで、そこをクリックするとその商品の問い合わせ欄に行くのが普通です。
このバナー広告には自社内サイトに貼る場合と、他社サイト・モールサイトに貼る場合があり、後者は通常、クリック毎のマージンを取られます。
昔はクリック数はそのバナーの面積に比例すると言われた時代もありました。
大きいほど良かったと言うことです。（他社リンクの場合は当然、払う費用も大きくなります）
しかし、近年では、広告色が強いために拒否感を示す人も一定割合で存在するようになっています。

３．動画ツール

メリットは何といっても見る側が親しみを感じることが出来るということです。
業界で真っ先に始めればパブリックなポジションを取ることができます。
デメリットは、ノウハウ部分が出てしまうということです。
特に知識系のことは、本商品・サービスに行き着く前に、満足してしまうという危険性もあります。
限定公開化で、その部分から有料化という手法もありますが、まだ、動画に費用を払うというのは一般的ではありません。
ひとつ勘違いはＹＯＵ　ＴＵＢＥ等の再現数による報酬を当てにするということです。

これは実際に取り組んで貰えば分かると思いますが、ＹＯＵ　ＴＵＢＥ広告収入というのはよほど件数が上がらないと発生しません。
この再生件数にこだわると内容が過激な方向にずれてくる危険性があります。

４．ＳＥＯ

これも、検索サイトの基準が年を追うごとに変わり、現在では、検索順位を上位に押し上げるのは内容次第と言われています。
内容が体系的にしっかりと出来ていることが必要で、キーワードはその体系にしっかりと溶け込んでいないとなりません。
もうひとつのポイントは、世間のニーズにマッチする内容の記事をタイムリーに出すことです。そして、こまめな更新です。
極端に言えば将来流行ることを真っ先に記事化する必要があります。アクセス数だけのことで言えばあるニュースの話題で最初の一人が検索する一瞬前のアップを狙います。
そこで、出来上がった検索順位はよほどのことがないと逆転しません。
検察閲覧者は、記事の中身は読まないと分からないので必然的に検索順位上位からクリックするからです。
次に検索順位の上に出る有料広告ですがこれも近年、効果が薄まっています。
これもバナーの項と同様、広告色、営業色を嫌がる人が増えているということです。

また、サイトの更新などを人の技術に頼っていてはいずれその人がいなくなった時にその技術に対応できなくなります。フイルタリングという注文処理の流れについても同じです。しかも、今後は若手スタッフを思うように取れなくなりますので、どのような人が来ても分かりやすいシステムを作る必要があります。人に頼っていては俗人的になってしまうと言うことです。
分かりやすさとは、当社はどのようなスタンスで事業をして行くのかという戦略ビジョンです。
ポイントは、人の技術を出来るだけマニュアルにシフトさせていくことです。

販売個数が増えるごとに単純に電話オペレータを増やして行っては利益は上がりません。

また、決して自社内で解決しようとしないで、うまくネットワーク、提携機関を使い持たざる経営の中で、クリテイカルチェーンを築き、いかに市場で優位な位置を取って行くかもポイントです。
これが第２章で解説したレバレッジの利かせ方に繋がっていきます。
また、構造資産が横から見えにくいと言うのも、ベンチマーキングが発達した世の中では重要なことです。

第１０章　ショップ環境

　ここで店舗経営に関する大きな外部環境を纏めておきましょう。
環境と言ってもほとんどは脅威の分析です。
共通する要因として
・人口減、特に地方、逆に都心は不動産価格高騰
・働き手の雇用難
・販売管理費のコストアップ
・商品・サービスライフライクルの短命化
等が挙げられます。特に働き手の採用難につきましては、今後最も脅威になると解説してきました。
消費税については、参入業者が免税事業所適応ならばコスト面で消費税率分、自社がコスト面で、苦しい戦いになると言うことを示します。
最後に、検討の内に是非、入れて欲しいのが地域振興券、地域商品券類の影響です。
これは、地方自治体などがプレミア分を支出した地域振興の事業であり、１０～２０％のプレミアが利用者には付きます。加盟店に入れれば、良いのですがその枠外になりますとこれもプレミア分との差で、苦しい戦いになると言うことを示します。
また加盟店側に入れても数%の換金手数料の負担を強いられるケースも多くあります。
次に飲食業、サービス業、物販業に分け分析します。

１．飲食業

・サービスの消費性があります。（再現性がないと言うこと）そこで、１日３食の需要と言う底堅い分母があります。
・食材の原価に影響を受けます。輸入原材料は為替の影響を受けます。

２．サービス業

・サービスには消費性があります。（その場限りと言うことです）

・一般的に開業の参入障壁は高くなく、技術を覚えたスタッフが次のライバルになりがちです。日頃の営業活動はライバルを育成していると言う矛盾があります。

３．物販業

・サービスの消費性がありません。（消費性がないと言うことは再現性があると言うことで、別の機会にも買えるということです。ネット通販で比較して購買という現象は一般化しています）

商品を確認だけして購入はネットショッピングでという事態が起こりえます。

４．ショップ共通の脅威

(1)流行店舗スタイルのライフサイクル短命化

従来は、店舗投下資金は２．５年で回収して、設備耐用年数が５年程度として、後半の２．５年で回収と言われてきました。

店舗投資金額は低下してはいません。近年では建設業も、一定の受注量があり、加えて、人出不足の要因がありますので値は落としません。

これは、明確なデータのもとではありませんが、直近では流行りの飲食業スタイルの年数自体が２．５年程度になってきているのではないかと思われます。

そうなると５～７年の借り入れで調達していた場合は経営が一気に苦しくなります。

このようなことは、市街地の飲食業の並びを定点観測し続けるのが有効です。

予想以上に飲食業の栄枯盛衰は激しいものがあります。

根本的な脅威として店舗はある場所に資金投下して、失敗したなと感じても、逃げられないという怖さがあります。

⑵世間の目はサービス品質に敏感

飲食は、メニュー、ムード、サービスの掛け算で１要素でも０が発生すると総合評価は０点になります。

これには些細なことも含まれます。

・店が忙しくなかなかオーダーを聞いて貰えなかった。

等、人の接客が絡むので、消費者はサービス品質に対して神経質だと言うことです。

サービス提供者側は人件費をかけて、もてなそうとしているのに、サービス利用者はその品質に対して敏感であると言う矛盾を抱えた業種なのです。

⑶ 満足度はプライスで割り算

最後に勘定で割り算した指数が来店の満足度になります。よって高級店は満足しても勘定の段階で気分が相殺され、リピートに繋げるのは難しいものがあります。

５．ランクアップ別施策

まず、サービスに対する顧客の段階を図示します。

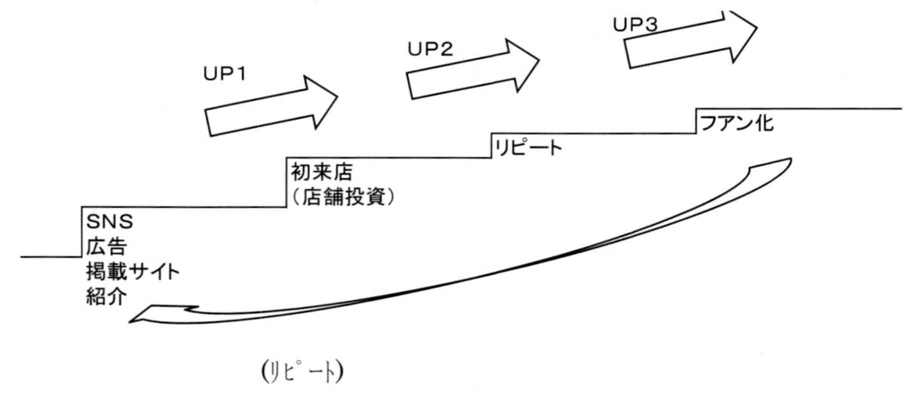

・始めて来店して貰うのがＵＰ１の初段階に当たるところです。

ここがつながりを意識すべきと説明したところです。

ツールとしてはＳＮＳ・ＨＰ・ブログなどのネットツールに加えて、ペーパーとしてのチラシなどの広告類があります。

ネットツールでは、自社のサイト構築に関わらずに比較サイトや地図サイトに掲載されることがあり、これもどのような形での掲載になっているのかを確認しておくべきです。
ホームページ確立などの当然の努力はすべきです。
ブログなどは外注と言う手もありますが、店の個性は必ず伝えるようにしてください。

・リピート化の促進はＵＰ２になります。
リピートの回数は販促である程度は伸ばせます。そのためにはイベント手法を知ることが必須になります。
しかし、財布の中身が一定量だとするとあまり顧客に無理を言う時代ではありません、この辺りは通常の書籍では決して言わない部分ですが、無理強いしたリピート来店は長続きしません。その裏付けとして貴方は一定のお店にどれほどリピートしますか？
そう考えると、リピート客で店が成り立つというのは幻想であり、現実的には、一元のフリー客も含めて、様々なサイクルのお客さんの複合で１日の来店客数は成り立っているのです。
その意味では新規客も一定割合で誘引できるような前述の策が必要です。
また、リピートを頻繁に促す店舗は格が落ちると言うことも理解してください。

・フアン化へのランクアップはＵＰ３になります。
ここで、勘違いしてはならないのは、フアンのみの店と言うのはあり得ません、常連だけではでは店は持たないということです。
仮にフアン顧客中心の来店が成り立つとすれば、フリーの客は引きます。
飲食業でカウンターをいかにも常連と言う客が席を埋め尽くしていたら、貴方は入店できますか？それは、一種のフアン客の貸し切り状態になります。
要するに特殊な店になってしまうと言うことです。
このようなリピーターの集う店舗を完全否定するものではありませんが、クラブ化した業種への転換を図る方が良いでしょう。

６．世帯での消費支出の鬩ぎ合い

リピートでの消費については、どの程度の消費がその商品・サービスで支出可能なのかを家計消費支出で傾向として知るべきです。
最近よく見られるのが安易に富裕層を狙うと言うマーケティングで、そこに真に富裕層の行動形態を調査したというプロセスは無く、自社都合であるのがほとんどです。
それは製造業のプロダクトアウトに近い発想です。
次ページに「総務省統計局　２０１６年　家計調査年報　総世帯１カ月支出」から食費関係個所を抜粋した部分を例示しておきます。
ここでは細かい分析コメントは省略しますが、ショップ経営者（飲食業・物販業・サービス業）は、ライバル店との鬩ぎ合いに加えてひとつの家計の中での支出割合内での鬩ぎ合いの中でも戦わねばならないことを意識しておくべきです。
特に高級料理店を志向するすると人は、１世帯がどの程度の頻度で支出するのかの視点が必要です。

第1－1表　１世帯当たり１か月間の支出（総世帯）

実数　　　　　　　　　　　　　　　　　　　　　　　　単位　円
Actual figures　　　　　　　　　　　　　　　　　　　　　In Yen

項目	27 2015	28 2016	Item
世帯数分布（抽出率調整）	10,000	10,000	Distribution of households
集計世帯数	8,471	8,400	Num. of tabulated households
世帯人員（人）	2.38	2.35	Num. of persons per household (persons)
有業人員（人）	1.09	1.08	Num. of earners per household (persons)
世帯主の年齢（歳）	58.9	59.0	Age of household heads (years old)
持家率（%）	75.1	75.7	Rate of owned dwellings (%)
家賃・地代を支払っている世帯の割合（%）	22.3	21.8	Rate of rented dwellings & land (%)
消費支出	247,126	242,425	Consumption expenditures
食料	61,833	62,248	Food
穀類	5,002	5,020	Cereals
米	1,439	1,474	Rice
パン	2,075	2,055	Bread
麺類	1,126	1,126	Noodles
他の穀類	362	366	Other cereals
魚介類	5,067	4,992	Fish & shellfish
生鮮魚介	2,945	2,897	Raw fish & shellfish
塩干魚介	899	877	Salted & dried fish
魚肉練製品	557	549	Fish-paste products
他の魚介加工品	666	668	Other processed fish
肉類	5,515	5,517	Meat
生鮮肉	4,425	4,442	Raw meat
加工肉	1,090	1,074	Processed meat
乳卵類	2,985	3,084	Dairy products & eggs
牛乳	1,068	1,053	Fresh milk
乳製品	1,311	1,412	Dairy products
卵	606	619	Eggs
野菜・海藻	7,120	7,168	Vegetables & seaweeds
生鮮野菜	4,809	4,837	Fresh vegetables
乾物・海藻	555	569	Dried vegetables & seaweeds
大豆加工品	896	892	Soybean products
他の野菜・海藻加工品	860	870	Other processed vegetables & seaweeds
果物	2,349	2,396	Fruits
生鮮果物	2,158	2,200	Fresh fruits
果物加工品	190	196	Processed fruits
油脂・調味料	2,759	2,764	Oils, fats & seasonings
油脂	311	287	Oils & fats
調味料	2,448	2,478	Seasonings
菓子類	4,440	4,482	Cakes & candies
調理食品	8,130	8,516	Cooked food
主食的調理食品	3,629	3,781	Cooked food with rice, bread or noodles
他の調理食品	4,500	4,734	Other cooked food
飲料	3,708	3,843	Beverages
茶類	875	917	Tea
コーヒー・ココア	839	842	Coffee & cocoa

出典　総務省統計局　２０１６年　家計調査年報

第１１章　ショップ投資

まず、ローコストオペレーションのところで述べた論を復習します。年間の回収額との関係で言うと店舗設備投下資産は年間のキャッシュフローの２～３倍以内に抑えなさいというのがありました。

これは２～３年で回収して、その後で儲けると言う考えがベースにあると思われます。

具体的に言うと５年スパンの考えで、前半で店舗資産投下資金を回収し耐用年数の後半で儲けると言う形です。

これが、例えば、飲食サービスでは、流行りのスタイルが５年も持たず、初期店舗投資で維持できるのは、ちょうど前半部分の２．５年程度に縮小しています。

その証拠として、市街地の商業街区を定点観測すると５年経てば、大きく入れ替わっているケースがほとんどです。

１．店舗投資

ここで、今後、ショップ経営を志向する人に対してもこの課題を踏まえて提言をしたいと思います。

ポイントは

①ローコストオペレーション

②つながりを意識したマーケテイングの取り入れ

③店舗要素を階段システムと見なして、顧客がアプローチしてこられる無理のない設計

の３点です。

①ローコストオペレーション

このコスト減の手法については、主にハード論になるのでここでは解説しませんが、大手チェーン店がいかにコストを低減させているかは、常々目にするところでしょう。

②つながりを意識したマーケティングの取り入れ

このつながりの中での手法については既存の書でＳＮＳの使い方、ネットワークの広げ方など解説されておりますので、ここでは、省略します。

ただし、サイトなどで常にショップと言うのは閲覧されているのだという意識を持つことは大切です。

そのためにも、どのようなショップとして認識して欲しいのかの決定はしなくてはなりません。

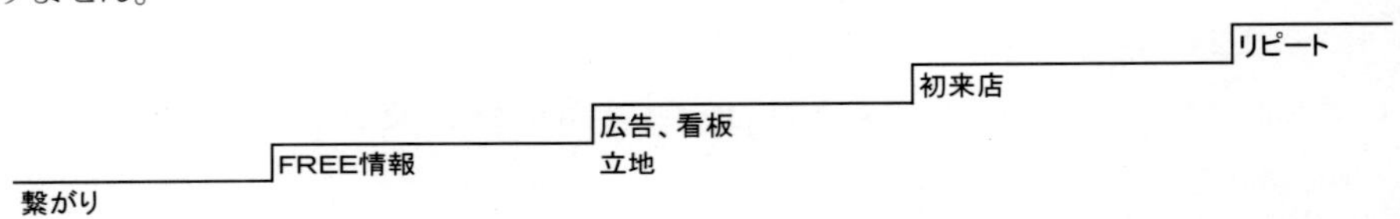

この戦略は階段のフリー戦略の部分に当たりますが、この手法により広域から顧客を誘引しないとこれからの時代は苦しくなると言うことです。

ラーメン店の開店などはこの手法に特化して、地域で顧客を集めることより、特定の魅力を露出して遠方から顧客を呼ぶ手法に変わりつつあります。地域でのチラシなどのマーケテイングは一切しません。

このスキームの全体像を意識して、店舗を認知しているけれどまだ、来店していない客予備軍も含めて、各階段に滞留している層を意識して、ランクアップさせる発想が必要です。

そのためには、サイト内フリー情報も一定スパンで更新することが課題となります。

③店舗要素を階段システムと見なして、顧客がアプローチしてこられる無理のない設計をするということついて説明します。

②でつながりを意識すると言うところは、１段目のフリー情報を充実させるというステップになりますが、この③での顧客アプローチの段階は３段目の初来店をスムーズにするという形で考えます。

店舗立地、看板などは初期の店舗投資となり、ここから、必ず回収すべき投資となります。

この３段目の階段を物販の場合をイメージ上で細分化します。

要素は

・外装（看板、店頭）

・売り場レイアウト（導線、棚割り）

・照明、ＢＧＭ、スメル

等となります。飲食業・サービス業は売り場レイアウトの代わりにメニューが入ってきます。

よく、これらの一要素に特化して、戦術レベルで解説して、これで集客は万全というような、マニュアル本がありますが、そんなことはありえません。

全てに満点取る意欲で、レベルアップして、総合的に店の魅力を向上して初めて顧客の誘引が成り立つと思ってください。

ここから、各要素の解説に入るのですが、これらを総合的に解説した本も巷にはありません。

纏め方については、あくまでロジックで理解できるように注意しました。

店舗設計のイメージとしては初来店時にこれらの要素において、ＣＳ度を上げることにより下図のように昇りやすい階段としてリピートを促すと言うものです。

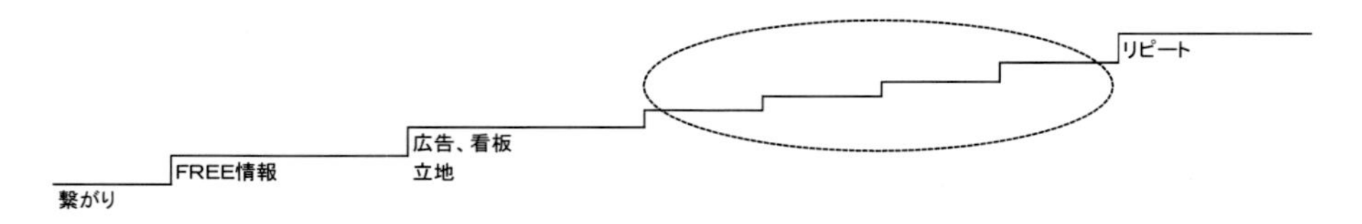

この、商業施設管理につきましては、私もメンバーで所属しているＣＣサークルの中小企業診断士、中本悠介氏の専門的知識をお借りしました。

(1)立地

この項目だけで本来は１冊の本になります。

ここでは、考え方において勘違いしやすい個所に絞り解説します。

①総合店と専門店

まず、総合店、専門店の出店では、基本的に

市街地・・専門店

郊外・・総合店

というのが鉄則です。

実際には、この逆になっているケースが多く見られます。

ここでは、分かりやすく飲食店で、総合店を定食屋、専門店をインド料理とします。

問題は、地方で専門店の出店です。

しかし、現実的には、このロジックの逆が地方では見られます。また理論に合っている方の飲食総合店においては撤退が相次いでいます。なぜでしょうか?

まず、専門店の方は地方でインド料理をしても商圏人口、客数、リピート回数から見て採算が成り立たないということです。

総合店の方は、和食系の飲食業の事例で考えます。

まず、法事などの親族の集まる宴会ごとが確実に減っていますし、車でチェーン店があるところまで出て行きます。

次に、飲食業は、そのような宴会で売り上げの水かさを上げて行くのが普通ですが、地方では繁簡の差が激しく忙しい時に手伝ってくれる人手不足です。

地方での撤退の要因はどちらかというと売上不振より人出不足の方が大きくなります。

極端な事例の方が分かりやすいかもしれません。イオングループがその地方に進出して、時給1,000円前後で募集をかけたら、働き手は回ってこないということです。

外国人労働者も地方の飲食業にまで行きわたりません。

ならば少人数で回せることを考えて専門店となりがちなのです。

当然市街地は賃料が高いからと言う事情もあるのでしょう。

サービス業、物販業でも似たような事情があり、ますます、地方での単独店での商業成立は難しくなるでしょう。

②この商圏にこの業種がないから出店という目論見は失敗する

考え方で必ず失敗するのは、あるエリアをリサーチして、このエリアは――という業種

がないから困っているだろうという単純発想の出店です。
あらゆる業種・業態にチェーン展開している会社はあります。
その場合は、既に、大手チェーンがリサーチ済みで、採算のとれるマーケット性無しと読むべきです。大手チェーン店でさえこの考え方のミスをするケースはあります。
多少の距離ならマイカーで買い物移動出来ることを忘れてはなりません。

③失敗した後の物件はやはり失敗する
失敗した後の物件は失敗する可能性が高いということがあります。
失敗して退店した後のお店の賃料（あるいは買い取り代金）は安くなりがちです。
そこでショップ経営志望者は予算内の物件が出た、それが良く見えるという惚れ込み現象を起こしてしまいます。
ここは、あくまで慎重な姿勢で臨むべきです。
なぜなのでしょうか？
まず、流行らなかった理由がロケーション上にもあるのです。
例えば、微妙に車の止まりにくい場所だったなどです。
加えて、流行らなかったお店は、一度以上、利用したお客さんだけでなく、車で通りかかった人にまで「あそこは流行らなかった店」「撤退した場所」のイメージがついてしまいます。
読んでおられる方は「じゃあ、新たに店を出す機会なんて限りなくなくなってしまうじゃないか」と思うかもしれません。現実はそのくらいの厳しさで捉える方がベターです。
儲かる商業物件というのはもう残されていないのかもしれません。
加えて、商業物件に１００%成功の方程式はありません。

２．基本店舗設備

ここで店舗の基本商業設備の定義します。決算書で、資産に上がるもの以上のものとしましょう。
よって、土地購入しての場合は土地不動産も入ります。

通常登場する資産科目は
・外装・看板
・内装費
・什器備品
・椅子・テーブル
・ホール備品
・冷暖房設備
・照明器具
・厨房備品
・給排水設備
となります。

今後のショップ経営としては、
・流行りのスタイルが短期で変わるサービス業種は大手チェーンに太刀打ち出来ないと見て、中小商業は参入しないこと
・ビジネスチャンスありと見て参入する場合にも、基本設備は、回収確実な投資に徹し、その後のマイナーチェンジはローコストで済むように設計すること
が重要です。
また、土地購入しての店舗投資は、基本的ロジックに合いません。第２巻の中小企業経営戦略の新理論での中の事業シミュレーションで説明しています。

３．商業施設管理

(1)外装

実店舗の小売店は勝ち残るためにはどうすればよいでしょう。それは、新しい顧客層を取り込むことです。競争激化がますます進み、今までどおりの店舗設計を行っていても、既存顧客は減ることはあっても、増えることはありません。小売店は既存顧客を守ることだけでなく、新規顧客を獲得しなければ生き残れません。

魅力ある店舗とは以下にあるべきかを考えるために、まずは店舗設計の原理原則を理解することです。その上でプラスαを加え独自性を演出すること重要です。

それでは、このパートでは、消費者の注目と興味を刺激する外装について説明します。

①外観（ファザートとパラペット）

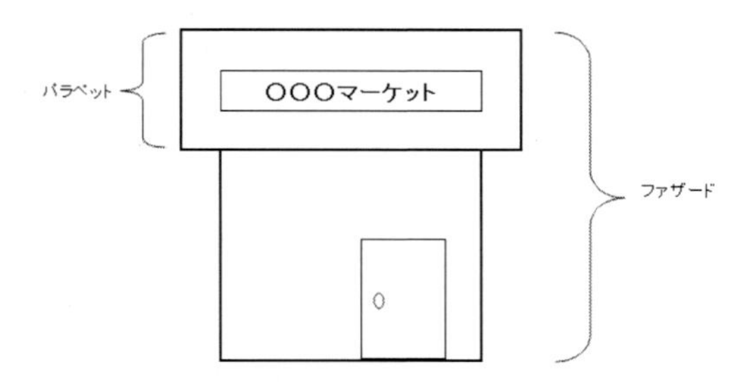

上記イラストの店舗正面の全体のことをファザートといいます。また店舗建物上部分ののみをパラペットといいます。

　外観でまず重要なのは、何を販売している店舗なのかを明確にすることです。既存顧客なら慣れ親しんだお店なので外観を気にしませんが、新規顧客はまず外観から注目します。

インターネット販売を考えれば分りやすいでしょう。雨後の竹の子のように販売サイトが生まれますが、販売している商品が分りにくいサイトはすぐに淘汰されます。これは、インターネット販売は常に新規顧客の獲得を軸に考えているからです。

つまり、実店舗の場合でも新規顧客を獲得するためには、飲食店なのか、美容室なのか、雑貨屋なのか一目で分りやすくする必要があります。
顧客に注目されるためには、外観を定期的に変化させることも重要です。変化は、消費者の注目と興味を刺激するポイントとなります。とはいえ、外観を大きく変えることは難しいため低コストで比較的簡単に行うとすれば、季節やイベントを外観に取り込むことが効果的です。

③看板
外装に注目を示した消費者が次のステップとして看板に注目します。看板は、屋上看板、側面看板、パラペット看板、店前の置看板など様々ありますが、看板本来の目的である興味を示させる意味ではどれも共通しています。
重要なことは、立地にあった看板を活用することです。例えば、郊外の幹線沿いであれば車からでも認識しやすい屋上看板が適しているでしょうし、街中やオフィス街などの路面店であれば、パラペット看板や、置看板に力を入れるべきでしょう。また、客が向かってくる方向や目線に合わせ位置に設置することも重要です。
また、地下や、２階以上に入っているショップでは、顧客を店内に誘導させるために置看板の重要性が増します。
最近のトレンドとして、液晶看板を活用し、動画でメニューや店内を演出している小売店が多くなってきています。
次項の店頭パートで顧客の来店への心理的負担を軽減するためには、開放感が重要であると述べていますが、入り口の液晶ディスプレイは顧客の来店への心理的負担を軽減する効果もあります。

⑵店頭
顧客が入店するためのステップとして最後に意識するのが店頭です。店頭とは顧客を店内に呼び込むための誘導機能として重要な要素です。
店頭も、外観同様にトレンドや競合先の動向、売り出し商品やターゲットに合わせて定期的に変更していくことが重要となります。
だれかれ構わず来店して欲しい訳ではありません。落ち着いた雰囲気を提供しているお店に子供連れのファミリー層がたくさん来店すると、本来ターゲットとしている層へのサービスが低下してしまいます。

店頭とは、既存顧客層を維持しつつ、新しい顧客に対して、何を、どのように販売したいかということをコンセプト明確にした上で構成していくことが重要です。実例を上げると、昨今、インバウンドの好影響から観光地のドラッグストアは、外国人観光客にターゲットを絞り店頭作りを行っています。

外国人が好む日本の食品を店頭に陳列し、外国語のPOP作りや、外国語で呼び込み、更には日本を連想させる着物のユニフォームを着て集客を行っています。

統計でも今年度は観光客の人数は2000万人を突破したと公式な発表がありました。政府は2020年の東京オリンピックまでに4000万人という目標を立てていますので、まだまだインバンドは伸びると思われます。2回目、3回目の訪日観光客であれば、地方の観光都市へも人が流れる可能性が考えられます。よって、全国の小売店全般に、外国人向けの店頭作りは考えるべき課題と言えるでしょう。

①開放感と開放度

開放感とは、店舗を外から見たときにどれだけ店内が見渡すことができるかという割合です。いくら外観や看板で興味をもっても店内が全く見えなければ顧客は入店に躊躇します。

ガラス張りの小売店などは開放感が高くなります。例えば身近な小売店を例に上げると、コンビニエンスストアや、美容室などは開放感が高いでしょう。

特に、コンビニエンスストアの店舗設計で有名なのが、人が集まる雑誌コーナーを開放感の高い場所に設置し、店が流行っているように見せる手法があります。

開放度とは、店舗に対する入り口の広さで測られ、例えば入り口に小さな扉が一つしかないような店舗は開放度が低いといえます。

よって、ショッピングモールに入っているインショップや、商店街の中にある小売店などは開放度が高いといえます。

当然、開放度と開放感が高ければ、消費者の来店への抵抗感が低くなり心理的には入店やすくなります。

近頃のオープンした小売店と古くからある小売店を見比べてみると、開放感、開放度が大きく違うことに気づくでしょう。
例えば、喫茶店経営を考えてきます。古くからある喫茶店は、既存顧客だけで経営が成り立っていたので、開放感の低いお店が多いでかったですが、近頃オープンしたカフェは全面カラス張りとし開放感を高めていることが多く、新規顧客の来店を促す作りとなっています。
しかし、既存の店舗を開放感、開放度を高めるためには外観からリフォームしなければならず費用が多額に掛かってしまい簡単ではありません。
そこで、既存店ができる一番簡単な開放感の高め方として、近頃のトレンドでは動画活用した液晶ディスプレイの看板を利用することです。
また、簡単な方法では入り口のドアを開放しておくことで開放度が高まりそれなりの効果はあります。それだけで顧客の心理的な抵抗は大きく軽減するでしょう。
ただし、ここでも注意が必要です。必ずしも、開放感、開放度が高ければ必ずしもよい訳ではありません。
例えば超高級品を扱っている海外ブランドショップでは、開放感、開放度は低くし、店頭に警備員を設けているケースがあります。よって自らの店舗戦略に合わせて開放感、開放度を考えましょう。

②店頭ディスプレイ
店頭ディスプレイも顧客を店内に誘導させるための大きなポイントといえます。特に近頃では、どの小売店でも新規顧客を店内に誘導するために店頭ディスプレイを強化しています。
具体的に以下のことが重要となります。
・遠くからでも店頭陳列の様子がわかるようになっているか
・周辺店舗と差別化しているか
・写真や音声など視覚や聴覚効果を使っているか
・ターゲット層向けの装飾になっているか
・季節性やイベント性を表現できているか

・目玉商品、値ごろ感のある商品を陳列しているか
・飽きさせないように店頭ディスプレイは定期的に変えているか
・充分な照明を用いて、明るさと活気を感じさせる

先ほど外国人観光客をターゲットとしているドラッグストアの例では、店頭ワゴンに値ごろ感のある商品を目立つように陳列し、多国籍の顧客向けに、言葉ではなく写真をメインとしたPOP作りをしています。

顧客を店頭で足止めさせるために、小売店では様々な工夫をしています。特に効果的ですぐにでも取り組めるのが無償サービスです。

一番イメージがつきやすいのが飲食店の試食でしょう。

ただしよく観察してみると他にも様々小売店で無償サービスが行なわれています。

例えば、自転車サイクルショップでは、店頭に空気入れを置き無償サービスを提供したり、近頃ではメガネショップでも店頭にセルフのメガネ洗い機を無償提供したりしています。また、コンビエンスストアの雑誌コーナーもある意味で無償サービスと言えるでしょう。更に、最近のコンビニエンスストアをリサーチしてみると店舗設計が変わりつつあります。

今まで開放感の高い箇所にあった雑誌コーナーにイートインスペースを設置している店舗が増えてきました。

これも、より高い無償サービスの提供をアピールする意味があるといえます。

(3)売り場レイアウト

店頭から顧客を店内に誘導できたら、次のステップとして売り場レイアウトを考えなければいけません。

ここでは、従業員、顧客の店内の動きを捉えた動線、回遊率を高めるためのマグネット、棚割りについて述べます。

①動線

店舗内の導線とは、大きく２つに大別されます。従業員動線と、客動線です。動線を考える上での原則は、従業員動線は短く、客動線は長くすることです。

従業員動線は短くすることで、商品の品出し、運搬作業や、接客業務などの作業効率化が図れます。

牛丼チェーン店や、ハンバーガーショップショップなどの大手外食チェーンなどは従業員動線を徹底的に短くすることを追求しています。

従業員動線を短くすることで人件費削減による低コストオペレーションが実現でき、これからますます加速する働き手不足を解決することができます。

更に、従業員動線は短くすることで、接客効率も上がるので、顧客へのサービスが高まります。

次は客動線です。客動線を長くする目的は、顧客の回遊率を高めることで商品を目にする機会増やし購買機会が増え売上が向上させることです。

小規模な小売店でも入店者の半分以上が全体通路 20%程度しか回遊していないと言われており、重要なことは、原理原則を踏まえた上で、客動線を観測し、トライアンドエラーを行いながら改善していくことです。

調査は、各通路を性別、年齢、時間帯などに分けて定点観測します。

調査表（例）

調査表　〇月〇日

	性別	年齢層	時間帯	A通路	B通路	C通路	D通路
1	男性	20代	午前	〇	〇	×	×
2	女性	20代	午前	〇	×	×	×
3	女性	30代	午前	×	×	〇	〇
49	男性	20代	午後	〇	〇	×	×
50	男性	50代	午後	〇	×	〇	×

集計表

A通路	男性	〇%
	女性	〇%
	〇代	〇%
	午前	〇%
	午後	〇%

B通路	男性	〇%
	女性	〇%
	〇代	〇%
	午前	〇%
	午後	〇%

C通路	男性	〇%
	女性	〇%
	〇代	〇%
	午前	〇%
	午後	〇%

D通路	男性	〇%
	女性	〇%
	〇代	〇%
	午前	〇%
	午後	〇%

筆者作成

②マグネット

回遊率を高めるためには、マグネットといわれる顧客を引き付ける商品を的確なポイントに配置することも重要です。

特売品や主力商品を入り口だけでなく、回遊率の低い場所に設置することで導線を長くする効果があります。

更に近頃では、ファミリー層をターゲットにキッズルームを設置するなどして、滞在時間を長くし、回遊率を高める取り組みをしている小売店も増えています。

③棚割り

顧客の回遊率を高めるためには棚割りを考える必要があります。棚割りとは、商品をどの位置に置くかを決めることです。

棚割りを考えるときに必要な視点は売れ筋商品を売れやすい入り口、レジ付近、エンド部分に置いているか、顧客が選びやすく、比較しやすいグループ分けになっているかです。

　ここで、棚割りによって売上が大きく変わる有名な事例を紹介します。米国のスーパーマーケットで顧客の同時購買を分析した結果、ビールとおむつを一緒に買う傾向があるという事が分りました。

　詳しく分析すると、紙おむつは荷物が大きくなるので、父親が週末に車で買い物に行く場合が多く、その際についでにビールケースもまとめて一緒に買うからだと分りました。

そこで、ビールとおむつを同じ場所に陳列したら売上が上がったということです。これは棚割りによって売上が左右されるという代表的な事例です。

これは、クロスマーチャンダイジングといわれ、関連商品を一緒に陳列することで売上の増加を図るという考え方です。

　身近な例としては、数年前から冬場になればスーパーマーケットの野菜売り場にお鍋のスープが一緒に陳列されていますがこれも同じことです。

(3)商品陳列

売り場レイアウトが決まれば、具体的に商品の陳列方法を考えます。棚割りで商品の置く位置を決め、具体的にどのように魅力的に商品を見せるかを考えるのが商品陳列です。

当然、小売店のコンセプトによって陳列方法は異なります。一般的には、お買い得感を出したい陳列と、高級品を高単価で販売するとでは陳列方法が異なります。

一つの小売店の店内でも商品によってターゲットが異なる場合は、複数の陳列方法を的確に活用することが重要で、特に近頃では、店舗内の陳列が多様化しています。

新規顧客を取り込むためには、今までの概念と取っ払い、ターゲットにあわせた陳列方法が必要となります。

例えば、ディスカウントストア品質向上や商品や品揃えが充実しスーパーマーケットと境目がなくなりつつあります。

そのため、スーパーマーケットでも一部の商品群では安売りのディスカントストアで良く見られた、陳列効率の良い段ボールをカットしただけのカットケース陳列手法が使われたりしています。

また、基本的には安売り向けの陳列を行わない紳士服小売店でも、シーズンの切り替わり時期には、安価品を求める新規顧客層向けに、Yシャツの販売コーナーではカットケース陳列を行っています。

更には、陳列方法によって顧客が買い物を楽しませることも重要です。陳列方法で顧客を楽しませている小売店の代表例が、ドンキホーテです。

不規則な陳列を行い、一見非効率のように見えますが、あえてそのような陳列方法を行うことで、顧客に商品を探す楽しみを与えて、満足度を高め、新規顧客の来店を促しています。

①陳列の種類

ここでは、陳列方法の中でも、安価帯に適した量感陳列の種類と、高級品に適した展示陳列の２つに大別して代表的なものを説明します。一般的には量感陳列は最寄品、量感陳列は、買回り品と言われていますが、実情ではこの境目は無くなりつつあります。

［量感陳列］

ボリューム感を出し、商品を訴求する陳列する方法です。自転車店などでも壁一面に陳列しているのも、量感陳列と言えます。

・ジャンブル陳列・・・投げ込み陳列とも言われ、山盛りにすることで、安さ、お得感を演出するために採用します。例えばスーパーマーケットではよく活用されており、特売や旬の商品によく見かけます。アパレルショップでも季節の分り目など特売時には採用されるケースがあります。このジャンブル陳列と次のカットケース陳列には、陳列時間短縮と言う人件費低減効果があります。

・カットケース陳列・・搬入時のケースをそのまま陳列する方法です。ディスカントストアでよく利用されています。例えば、段ボールをカットした状態でペットボトルのジュールが格安で販売されている場合などです。品出しの費用を最小限に抑える場合に採用されており、近頃では、ディスカントストア以外でも一時的な安売り時に採用されています。

・エンド陳列・・・　ゴンドラの端に陳列する方法です。目に付きやすいため、特売品や目玉商品を陳列します。店舗の回遊率を高めるためのマグネット効果があります。例えば、スーパーマーケットのお菓子売り場を見れば、特売品や季節商品をエンド棚に陳列し顧客を誘導しています。なお、エンド陳列は定期的に入れ替えて目新しさを演出することが重要となります。

［展示陳列］

量感陳列と対比される手法です。一般論では高単価で利益率の高い、アクセサリーやアパレル品などの買い回り品で採用されると言われていますが、実情では、食品などの最寄品でも付加価値販売をする際に利用されています。

・ステージ陳列・・・効果的な位置にステージを設けて陳列する方法です。アパレルショップなどでマネキンを活用して演出する場合などで使われるのが一般的です。しかし、近頃では、最寄品などの食品でもよく使われています。売り場の独立性が高いので、タブレットなどを活用して、生産地などのブランドPR動画を流しコンセプトを訴えやすい陳列方法です。土産店などではよく見かけたりします。

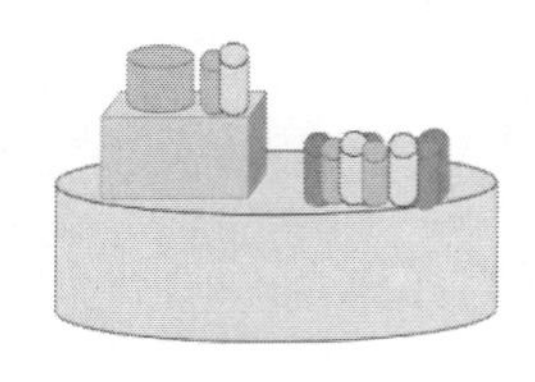

・ショーケース陳列・・・ガラス張りの陳列スペースに商品を展示する方法です。衣料品などの高単価品で利用されることが一般的です。また、外観に取り込むことで通行人の気を引き付ける効果があります。コンビニエンスストアでは、人が多く集まる雑誌コーナーを通路側に設置しているのも、一種のショーケース陳列の活用と言えます。その他にも、飲食店の店頭食品サンプルも同じです。かならずしも高単価品でなくともショーケース陳列が使われるシーンは多くあります。

②フェイシング

フェイシングとは、商品の陳列したときのフェイス（商品陳列の最前面）を顧客にとって、買いやすく、魅力的に見えるように管理することです。

売り場の面積は有限ですので限りがあります。そのため、フェイスの数は重要となります。原則として売れ筋商品のフェイス数を多く、売れない商品のフェイスを少なくします。身近な例で言えば、コンビニエンスストアの飲料水売り場を見てください。商品によってフェイスの数が違います。

フェイスの数を適正化することで機会損失と、廃棄ロスが減らすことができます。

更に位置を考えることも重要となります。一般的に手に取りやすい位置として男性は70〜160cm、女性では60〜150cmがゴールデンゾーンと言われています。もし子供をターゲットとする商品ならば女性より低めに設定するのが良いでしょう。

スーパーマーケットのお菓子売り場では、同じ陳列棚でも、大人向けのお菓子は上部にあり、子ども向けの駄菓子は、大人では目の行かない低いゾーンに陳列しています。

さらに、細かく見ていくと、高齢者が好む食品などは若干低い位置に陳列されていることが分かります。

また最近では、タブレットなどを活用して商品のPR動画を流す取り組みなど行われています。

例えば、生産工程を映し安全性のアピールをしたり、商品の使い方を流すことでコトに結び付け購買意欲を喚起させています。

特にこれらの取り組みが進んでいるのは観光地の小売店です。理由は、観光地は既存顧客というものが極めて少なく、新規顧客で成り立っており、非計画購買の割合が高いからです。

加えて、お土産品は予算で購入するため、店舗内のあらゆる商品と競合するため見せ方の工夫が重要となるからです。

第４部

新時代の財務管理

第１２章　新時代の財務管理

１．財務管理手法

　まず、旧式の財務分析の各利益率と言うのは意味を無くしています。
それは、決算の作り方によって粗利益率、営業利益率、経常利益率の３段階がいかようになりますので、平均指標との比較が意味をなさないのです。
そこで、最近注目される考え方あ出てきました。
それは、売上ー商品原価ーフイルタリング費用（注文処理費用）－直接経費＝マーケティング貢献利益とする方式です。
ここで、
・フイルタリング経費という費目をあえて立てている
・逆にプロモーション費用、広報費などは引かない
ということですので、利益部分としてのバッファアを、プロモーション費用にあててこの部分を拡大再生産していこうと言う考え方です。
当然のことながらベースになっているのはネットをツールとした通販の仕組みです。

（＊）フイルタリング経費とは、注文を処理して行くのにかかるあらゆる経費です。

ここまでで何を示すかというと
・繋がりを持った市場
・商圏を広く取った
いわゆるダイレクトレスポンス形態事業での粗利益公式が初めてできたということです。

この粗利益段階での黒字化を目指すのが第一歩となります。

そう聞くと、不思議に感じられる方もおられるかもしれませんが実際にランニングを始めるとその第一段階での黒字化が難しいかが分かるでしょう。

マーケティング利益が出るようになれば、その利益部分をいかに固定費とマーケティング再投資に配分していくかのバランスの問題となります。

この公式が根付くかどうかも分からない状況ですが、今後を見守りたいと思います。

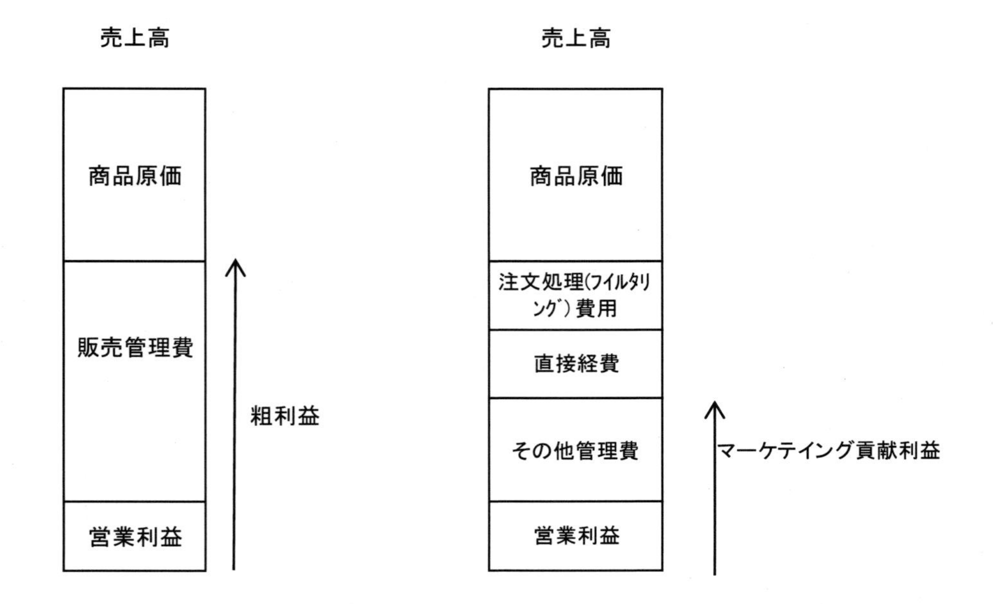

２．財務指標

　ＣＶＲとＣＴＲについて説明します。
このＣＶＲが新たな集客法の世界では最も重要な指標です。

＊）ＣＶＲ＝Conversion Rate

公式は、ＣＶＲ＝問い合わせ件数／アクセスＰＶです。要するに反応率です。
比率が重要なのは、問合せ（分子）につながらないアクセス（分母）を集めても仕方ないということです。
これは、常に意識すべきことで、アクセスを一度集めるとアクセス数偏重主義が生まれます。
ＣＶＲは分子の問い合わせ件数が、成約件数になる場合もあります。
このＣＶＲの数値が商材の単価の大小によって、違うので一概に何%以上でないといけないと公式化できないところに、新たな集客法が確立しなかった側面があります。
私は商材・サービスの単価に関わりなく０．５～１．０%は必要ではないかという考えです。１００人に１人から２００人に１人です。
ただし、高額商品については、問合せをしても検討するという行為が常に発生しますので分子は成約ではなく問い合わせ件数に止めるべきだとは思います。

これに対してＣＴＲは、母数を広告と限定した比率です。

＊）ＣＴＲ＝Click Through Rate

公式は、ＣＴＲ＝クリック数／リスティング広告を見た件数です。
これも、消費者が営業広告に拒否感を示し始めていることから、比率は低下傾向にあります。
ただ、ある地域限定で「地域名」「商材」と検索すれば、検索順位の上に広告が出るように組めるのならばニーズのある人には常に目に触れているというザイオンス効果はあります。
近年ではＦａｃｅｂｏｏｋ広告というサービスも人気で、「地域」「関心テーマ」で対象を絞って抗告することができ、友達と錯覚させるレバレッジ効果があります。
なぜ、そのテーマに関心ある人に絞れるかというとネットユーザーは日頃の検索行為やＳＮＳ書き込み行為をシステムでリサーチされているということです。

３．管理帳票

(1)管理帳票の考え方

新たな集客モデルではどのような管理帳票を使えば良いのでしょうか？
具体的な帳票は次項で説明するとして、ここでは考え方を纏めます。
それぞれのステップごとに考えてみましょう。

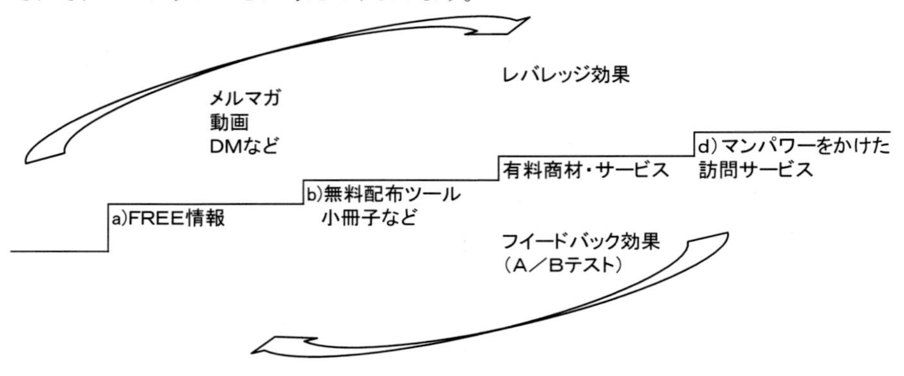

まずはリストですが、これは集客を行いたい商品・サービスに興味があると手を上げてくれるまで顧客特性情報は要らないということです。
興味があるというのは問い合わせ行為があったということです。

これからアプローチがあるまで、顧客特性、あるいは世帯情報を分析しても採算が合わないということです。
次の問合せのステージからコールセンターの情報処理の機能が必要となります。
この問い合わせ段階から、顧客特性の情報整備が必要となりますが出来るだけシンプルなテンプレートにする必要があります。
テンプレート化を考えないで無制限に情報収集していくとこの時点で赤字になります。
ここでは、氏名・住所・連絡先（メールアドレス・住所）・欲しい商品情報をリスト化します。
ここで、新たなマーケティング手法では
・顧客の地域が広がる
・その結果、対面での説明が出来ない
ということから、顧客の顔が見えにくい事態が生じますので工夫が必要となります。
極端に言うと工夫を入れないと顧客が記号にしか見えないという状況が生まれます。
事業開始前はこの感覚は多分、分からないと思います。

しかし、これはランニングしてみて改めて実際に感じることで、意外とノウハウが必要なのです。全国から何百、何千というオーダーが入るのです。
しっかりやっている通販事業者は漏れなくこのノウハウを持っています。

これには
・ヒューマンタッチな部分を残して、良い印象を持って貰うようにする
・その肉声での会話から次の商材のアイデアを貰えるように工夫する
ということです。
お礼のメールなど、自動化してしまうことも可能な時代ですが上記のようなメリットは生まれません。

(2) 管理帳票の事例

管理票1

	＊月＊日	＊月＊日	＊月＊日	＊月＊日	＊月＊日
総閲覧数	230	152	189	190	450
問合せ数	12	23	30	23	35
成約数	1	5	2	4	8

まずは、自社へのアプローチの件数を上のような表でカウントして行きます。

この比率を取って行くのですが、比率的には一定のものに収斂して行きます。

注意点は、その場合の分母至上主義に陥るなと言うことで、どうしても閲覧数を増やしたくなります。それが有効な情報なら良いのですが閲覧数を上げるためだけの煽る宣伝をしがちになります。

管理票2

顧客名簿

NO	会社名	氏名	住所など	ﾒｰﾙｱﾄﾞﾚｽ	商品

次に、問合せ以上のお客さんのリストです。これも必要です。

この時代にはメールアドレスを軸にするのが最もコストパフオーマンスは良いと思われますが、住所情報を収集して郵送DMという形式も否定はしません。

注意ポイントは、メールDMが主体の事業でも、住所を中心とする顧客特性情報は入力して行った方が良いと言うことです。

後で、検索するときにヒントは数多くあった方が良いと言うことです。

例えば、データーが累積すると個人名では佐藤さん、会社名では佐藤製作所が１０件以上になったりするのは良くあることで、人の記憶能力のキャパシテイを超え、１件ごとの特性は把握しにくくなります。

これは、最初は、記憶でこなせると錯覚しがちなのですが顧客数が多くなってくると、顧客特性のデータに頼らなくてはならなくなるからです。

管理票3

商品A

顧客名	問合せ	成約	入金	発送	ｱｯﾌﾟｾﾙ
――開発	○	○			

次に必要不可欠なのは、商品ごとの管理表です。

ここでは、サービス提供の先に入金か否かは問いません。

これも記憶に頼ったルーテイングつくりをしては絶対いけません。

この部分は、確実にサービス提供をこなしていかないと一気に信頼を失います。

特に問い合わせから成約日、あるいは、入金日までの期間が開くと処理する人の記憶に頼っていてはサービスの処理がスムーズにいかなくなります。

期限などでアラームの仕組みを組むことも有効です。

これらの一連の処理のサイクルが注文処理の流れで、財務管理用語ではフイルタリング費用と説明したところです。

アップセルとはより上位の商材をセールスすることです。

第5部

中小企業施策との関係性

第１３章　中小企業施策との関係性

ここで、今回の集客スキームの構築と補助金・助成金の関係を纏めておきます。

それぞれの補助金・助成金については、第一巻の「補助金・助成金獲得の新理論」を参照して貰う形になります。

１．集客スキームの構築と補助金・助成金の関係

まず、説明としては、幸先の悪いことですが、今回の集客スキーム策定には補助金・助成金は活用が難しいものがあります。
補助金通則として以下のことを理解してください。

「商品仕入れ代金は補助金は支出されません」

この理由が分かりますか？
売上に転化される可能性があるものは不可なのです。
これは第一巻で二重払い禁止の法則で説明した通りです。
試作費は支出可能です。（支出は可能ですが、商業・サービス業は本格的試作はしないでしょう）
試作費は支出可能ですが、それを販売してはいけませんので、商業にはあてはまりにくいのです。
次に販売のスキーム策定費用も、出にくいでしょう。
・まず、販売のスキーム構築はほとんど経費はかかりません
サイトがないから設定費という流れは持続化補助金など活用できますが補助金申請す

るほどの金額にはならず、申請しても時間や工数ばかりがかかるというのはよくあることです。
そう考えると、この集客スキーム策定で一番重要なのは商品コンテンツ策定のアイデアとマーケティングして行くセンスとなります。そのアイデアを生み出していくのが最も難しい時代なのです。
（第6部　ケーススタディ・ＳＴＯＲＹでもこのニュアンスで説明しています）
　次に厚生労働省施策は、スタッフの増員時の雇用の助成、教育経費、労務環境改善などは支出可能です。種類としては以下があります。

・キャリアアップ助成金・・・これは、非正規社員のキャリアアップを目的とした助成金で正規化の時に助成が貰えるだけではなく、そこに行くまでの過程の教育期間の教育の奨励金、教育時間中の人件費の補填と言う形で助成されます。
教育部分がパッケージ化できる形の事業所は是非活用すべきです。大企業でもスキームの中で取り入れている助成金です。

・人材開発支援助成金、職場定着助成金・・・これは、キャリアアップとは違い正社員のキャリア形成、職場定着を目的とした助成金です。
セルフ・ドック制度（従業員がキャリアコンサルタントに相談する制度）、教育訓練休暇制度（通常の有給休暇枠とは別枠で業務に関係する教育を受ける休暇枠を作る制度）の２コースが取り組みやすい制度です。以上、人材開発支援助成金
健康つくり制度と言って一般健康診断の上乗せとして、成人病検診を受ける制度を作ることに対する助成等、以上、職場定着助成金などがあります。

・業務改善助成金・・・事業所内で最低賃金の従業員の時給を上げることを条件にその最低賃金者の時給アップとなる生産性向上のための設備を導入することに５０万～２００万を助成する制度等があります。

ただし、キャリアアップ助成金の教育コースは、事前に教育内容のパッケージが必要で

あり、新たなマーケティングの世界ではそぐわない面もあります。
集客スキームを策定してヒットさせるまでと言うのは経営者と従業員が一体となって試行錯誤して行くものだからです。
業務改善助成金とは、最低賃金者の最低時給ピッチを上げることを条件に、５０～２００万が設備投資補助で支出されるものです。
この生産性向上の考え方については第４章を参照にして下さい。
また、１巻目の「補助金・助成金獲得の新理論」により詳しく解説しています。

２．経営力向上計画・経営革新計画との関係性

経営力向上計画、経営革新計画については、これからのプランに新規性があれば申請するに越したことはないでしょう。
ただし、前述のように補助金投資とはそぐわないこともありますので、この戦略をもとに補助金を狙うというのは成立しにくく、採択されての広報効果を狙うこととなるでしょう。もっと遡って言うなら戦略策定に意義があるのです。
両者の策定の仕方は第２巻目の「中小企業戦略策定の新理論」の第４部　戦略策定編で事例付きで解説しています。

３．金融機関の事業可能性評価制度（２０１７年度より）

ここで、面白い施策のニュースが入りました。
最新ニュースです。
我田引水ですが当社はコラムなどで次に起こる国の施策を当ててきました。
・経営革新計画が重要になる。→ものづくり補助金の加点項目になる
・経営力向上計画が重要になる。→ものづくり補助金の加点項目になる
・海外施策と知財施策が合流して太い流れとなる。→模倣品対策の補助金が新設される
そこで、今回、２冊目の２０１～２０２Ｐで、金融機関が今後、知的財産を評価するようになる。速度は遅くても徐々に進むと書きました。

それが政府施策という外部圧力で進んで行きそうです。そのニュース速報です。
ちなみになぜ予測が当たるのか？を説明しますと、
・この分野に集中して研究している
・外部環境を大きくよんで、我が国が将来どのようにすれば世界の中で生き残れるかを考えるということで、自然と今なすべき施策が出てきます。人の考えることは同じなので政府の首脳、行政の官僚の考えることが分かるのです。

では、ニュースです。
厚生労働省の助成金分野で金融機関の事業可能性の評価が始まりました。
なぜ、これが重要かと言うと、金融庁が中小企業の本業支援をしてその将来のプランに融資するように誘導しているからです。確かに今の現状では、そこにかけないと限界が見えてきました。言葉を変えて言います。
中小企業は、金融機関が取引先を分類するために財務評価で評点化されています。
今回、これに加えて定性評価の採点、序列化が始まると言うことです。
決算の数字は動かせませんが、今後の戦略は代表者のセンスになります。
ここで、対応を間違うと大きな機会ロスとなってくるでしょう。
今回の国の施策の具体的解説に入ります。
現在、助成金では横断的にほぼ全ての種類で労働生産性要件を満たすと助成限度額が１．２倍になります。
生産性要件とは以下の公式で、３年前に比べて６％の増加を確認できれば満たすのですが、これに加えて、増加率が１％以上あることを条件に、「金融機関が事業可能性評価ありと見れば、生産性要件は条件達成」となりました。
・１行のみチャレンジできます。（労働局が金融機関に既に説明会をしています）
・事業主が調査して貰う銀行・支店を決めて、調査依頼書を労働局に出します。
・その銀行に借入金がないと行けません。（金融機関は融資を与信と言って信用を与えるために情報収集して評価・審査するのです）
事業主が調査依頼票を出すことにより労働局が、銀行に照会しますが事業主はその時点で結果は分からないのでギャンブル的要素は残ります。

評価要素は以下の通りですが、これ以上の内訳や基準はなく金融機関の評価になります。
これは、チャレンジする価値はあります。銀行の評価が分かります。
これにうまく対応することは重要です。
なぜなら、調査項目は以下の通りですが、良い評価が貰えるよう誘導しないと銀行は良いも悪いも御社の事業可能性のようなことは、分かっていないのです。
労働局→銀行への事業可能性調査項目は、
①市場（市場の成長性等）
②競争（競争優位性等）
③事業特性（事業の経済性等）
④ユニークネス（経営資源・強み等）
の４項目です。

金融機関の企業評価の具体的手順を知っておくとイメージが沸きやすいと思います。
まず、これから助成金分野でのプレミア枠狙いでの企業定性評価の採点が始まると書きましたが、実は「もうされています」。ただし、融資取引ありの先に限られています。
金融機関には企業ごとにフアイル化していますが、そこにその財務評価の採点表とともに企業定性評価の採点表がつづられています。では、誰がどのように評価したのでしょうか？
それは、「御社担当者が、自分の感覚で」です。
しかし、ここにおかしな現実があり、銀行は融資審査の時に片方の財務評価は参考にしますが、定性評価は参考にしていませんでした。
その理由として、上記のように担当者の感覚であるからです。
ちなみに財務評価＋定性評価採点を算出する時に企業規模ごとに評価をウエイト付けしていて小規模程、定性評価のウエイトが重くなるようにしてあります。
これは、規模が小さいところは、代表者の考え方次第と考えると合理的です。
ここで対策とは、その企業フアイルに綴られる資料を作ろうと言うことです。これを出せば、定性情報は洗い替えされるでしょう。
その評価項目は、例えば、「代表者が将来ビジョンを持っているか」というようなことだからです。
本当にこんなことしているのかと疑問の方もおられるかもしれません。当職は前職金融機関勤務です。この通りのことをしていましたので、これは事実です。

４．ではどうしたら良いのか

対策ですが、簡単なことです。借入のある銀行には決算書を毎期提出をしているでしょう。その決算報告書に今後の戦略ビジョンをＡ４、１枚で良いのでつけておきます。このようなことは熱心な企業はしていることなので別におかしくありません。

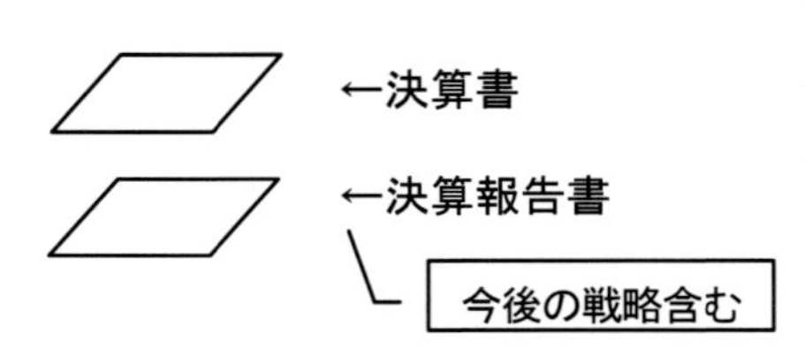

左図のように添付するだけです。A4１～２枚で十分です。決算の分析も簡単で結構です。(そちらは金融機関の方がプロですから)

その決算報告書の流れは、(A)決算概況→（B）業界の景況感→（C)努力した（したい）項目→（D）投資計画→（E)残る課題と一貫した論理性があるように作ります。
ポイントは、過去については反省すべきは反省を込めてということです。ここで肝心の、事業可能性評価で評価される項目ですが①市場（市場の成長性等)②競争（競争優位性等)は（B）の業界の景況感に、③事業特性（事業の経済性等)④ユニークネス（経営資源・強み等)は(C）努力した（したい）項目に含めます。
これらの戦略の考え方を、２冊目の中小企業経営戦略の新理論の１８８～１９３Ｐに簡易事業計画書の作り方として、努力した項目、あるいは今後努力する項目として説明しています。本巻では、集客戦略に絞り、考え方を説明しています。こうすれば、正解と言う戦略は今は、ありません。
正解を出すのは貴方です。

本巻の主題は商品コンテンツの作り方と販売の仕組み化です。これが今後の生き残りのポイントであることは明らかであり、金融機関でも共通の認識です。是非とも、販売・集客と言う側面からこの企業は一味違う（事業可能性はある）と思わせる商品と仕組み作りを目指してください。

第6部
ケーススタディとＳＴＯＲＹ

第１４章　ケーススタディ

３冊目第６部はノンフィクションとフィクションであり、この集客ビジネスのシミレーションでもあります。まずはノンフイクションです。
集客スキームの解説というよりも戦略の考え方として読んで貰う方が正解かもしれません。
集客スキーム自体はベンチマーキングのテクニックが、進化して一つ流行ったら次から次へと真似される世界であり、勝負はつきません。
また広告で露出しても内容がなければ事業の拡大はありえないでしょう。
そういう意味では現状は露出だけしても全く中身がないサイトが氾濫しているのではないでしょうか。

１．ケーススタディ　ガイダンス

基本的な考え方を解説します。
以下に当てはまる業種・業界が今後、マーケティングの激変を迎えるでしょう。

a　世間常識とはズレた規制を引いている業界
b　事業者の考え方が遅れてる業界、通常ａと重なる
c　ニーズは潜在的にある業界
c も重要で、仕事自体が他業態に奪われてしまった後では、手遅れというケースが多くあります。
戦略策定のステップは以下の通りです。ある分かりやすいパターンにはめています。
１．その商品・サービスの範囲と内容を規定する。
２．顧客ストレスの溜まっているパーツに分析を集中する。

３．その部分の業界慣行を破る。あるいは、逆を行く。

特に３の業界慣行を破るのは非常に難しいものがあります。所属している業界圧力があるからです。
精神的にいかに困難が伴うかはやってみればすぐ実感できます。
それが怖いので、業界では
・規制を作り
・寄り集まり
・足抜け出来ないように見張り合う
という仕組みを作るのです。それが業界組合です。

しかし、経済成熟社会では、
業界慣行を破る＝消費者（ユーザー）にとっては待ち望まれていたことをする
という公式が成り立ちます。

ここで、まず、当社の関係する先生業の業務構造の矛盾点を解説します。
特定業界の事例ですが、あらゆる業界にも通じるものがあると思っています。

⑴サービス活用者よりサービス提供者の方が多い時代
良く雨の日に傘のさされている風景で説明します。
多くの人が傘をさしているその下で、傘をさしても雨は降ってきません。
それほど既存の権益が強いということです。
特にこの業界は事業者の方が回転が悪いと言うことです。
分かりやすく言えば、先生は死ぬまで引退しませんし、地盤看板は後継者に引き継がれていきます。
これが資格の制度が発足してから時間の経たないうちは利用者＞事業所でした。
それぞれの士業のニーズは別にして先生業の数が少なかったということです。
その時代は、

・先輩事務所を頼ること
・士業の協会を頼ること
・事業者の集う交流会に出ること
で仕事がこぼれて来ました。
さされているか傘が少なかったからです。

それが、先生業の方が多い時代になりましたので、仕事がこぼれてこない時代です。
それどころか、
・変な動きをしないように釘をさされる
・下手をすると仕事を奪われる
ということにもつながってきます。
このようなことは、決して、説明されませんが真実です。
こうなると活路開拓の方法は、何かに特化して、一点突破をするということしかありません。これは既存の権益に反することです。決して、推奨されません。
どの資格でも「コンプライアンス」の側面からネットで派手な宣伝をしないように教育されている程です。
ホームページで営業行為をしているだけで、先輩に嫌味を言われたといういまどき信じられない話さえあります。

(2) 業界定義と顧客ニーズのずれ

これから解説する資格については管轄する行政庁があり、そこへの届け出が主業務となります。
その課題に向けてのコンサルテイングは３号業務と言われます。
世の中で、必要とされているのはこの３号業務です。

各士業でも、その重要性が言われてきましたが、助言を真の意味で主業務として組み立てられている人はいないと思います。
それは、資格試験の組み立てが、書類作成びための法律知識習得が目的だからです。
よって試験勉強したのもそこです。
各士業の協会での研修、勉強会も同じです。
よって真面目に独立した人ほど、顧客のニーズと離れてしまいます。
では、士業の協会が主催する勉強会なんか行かなければいいじゃないか？
その通りです。それが、また出来ないのです。そこで、孤独感との戦いが出てくるのです。
この辺りも事例で解説しています。
そして、国民ニーズとのずれは多くの業界にあることです。

(3)顧客の業者探しの視線のズレ
まず、士業の協会の主催する開業の研修では初期の営業は事業主の集まる集いで名刺を交換しなさいと教えられます。
真面目な開業者はほぼその通りにします。
では、企業側は、ニーズが発生した場合にはどのように行動するでしょうか？
ある行政庁に提出する申請書を作る時に、です。
それは、作るにあたって疑問な点をそのまま疑問文でネットで検索します。
そこで、フリー情報で解決案が出ていればそれで終わりです。
出ていなければそのままネットで解決してくれる先生を探すかもしれません。
この顧客行動において、先ほどの新人の先生との営業行為とすれ違いがでて来る訳ですが、根本的な錯覚として
・この例のように顧客は書類作成は分かれば自分で出来る。(総務担当者がいる会社逆に出来る方が正しいのです)
・常識的な知識は顧客側ではネットで無料で見られると思っている。
ということを示しています。
顧客の、まずフリー情報を探すというこの行動と後で説明する当社事例の戦略は密接に

リンクします。
先ほどの名刺を配るという行為について、分析しましょう。
受け取ったお客さんには「－－さんが、－－－士を開業した」という事実しかありません。いや、「経験が薄い（新人）」という事実は宣伝しているのかもしれません。
せめて分野を絞るべきです。
最後にコスト構造を考えてみます。
大型事務所の方がスケールメリットが効きますので、顧客に低い値を出せます。
スケールメリットとは何か分かるでしょうか？
多くの顧問先を持っていれば、同じ書式の書類を大量にこなし、所轄官庁にまとめて持って行けるということです。
この点からいっても後発参入業者はニッチな特定サービスに絞っての一点突破しかないのですが、そのようには教えられません。ＦＡＸDMなど打つと先輩から嫌がらせが来るまもしれません。

２．ケーススタデイ

　では、当社を題材としてのケーススタデイです。
当社のここまでの戦略で説明しますが、まずは、当社の履歴を書きます。
２０００年　代表者、西河が金融機関を退職して独立開業する。
～２０１０年　通常のコンサルテイング業務、社会保険労務士業務を行う
２０１０年　既存の業務を一切整理して零に戻す。顧問業務はすべて解約して貰う。
２０１０年　中国進出企業向けのサービス開始、中国進出向け書籍を発刊する。
２０１２年　全くの売り上げ不振に加え、提携した中国人に騙されて事業所は破たん寸前にいたる。
２０１２年　そのような中で、新たに始まった制度、経営革新支援認定機関に申請登録、近畿では１桁台の登録だった。
２０１３年　ものづくり補助金を始めとする経済産業省補助金の獲得のノウハウをコラムにて発信開始、申請書書き方マニュアルの電子ツール発売開始、メルマガ開始

２,０１４年　動画配信開始

２,０１６年　マニュアル購入者１,０００人突破、厚生労働省助成金ビジネス開始、Ｂ２Ｂの事業提携開始、当社のブランドで営業してくれる人をエージェント制で採用

２，０１７年　東京サテライトをオープン

とここまでで、ネットでは派手に露出している感がありますが、現在のビジネスのもとになる部分を開始したのは２０１３年（4年前）です。

まず、なぜ中国進出ビジネスの方が失敗したのかを振り返ります。

ビジネスの定義として

・中小商業が中国市場にジャパンブランドの商品・ザービスを売りに行くということを想定する。製造業のアウトソーシングは対象としない。

・ネットでの情報発信、ノウハウ書の出版でブランド化を図り、そこから派生するセミナーで海外進出に興味のある中小企業を構築して、ビジネスに繋げて行く。

ということでした。

結果売上は2年間でほぼ0に等しく、調査の仕事を知り合いから２０万程度貰っただけの惨敗に終わりました。しかし、ネットでの情報の閲覧は日々１５０ＰＶ、書籍は約１千部は売れていました。また、中国の都市別の無料レポートも数種作っていました。

ここでクライアントの昇ってくる階段は

となっていて、いかにも粗かったというのが結論です。

ひとつここでの成果は、階段式のスキームを作らないといけないと分かったことと、この手法では分母のリスト数を相当持たねばならないと悟ったことでした。

失敗の理由として階段が粗かったことに加えてもうひとつ大きな誤解がありました。

分かりますでしょうか？

それは、中小企業事業主の建前と本音の違いです。
実は、中国進出セミナーを聞きに来ている人は、中国に進出したい人たちではなかったのです。
海外進出セミナーでは通常、冒頭で進出対象国のリスクを説明します。
そのリスクを確認して、進出しない自分への理由づけを探しに来ている人達だったのだということに後から考えがいたりました。
このようなことは実際にはよくあり、セミナー集客数はニーズの大きさではあるがウオンツの大きさあるとは限りません。
２０１３年に商材を海外ビジネスノウハウから補助金の申請ノウハウに変えて事業主の本音部分と合わせたわけですが、次の新たなスキームが回り始めるまでにはまだ、紆余曲折がありました。

ここで、興味深い現象を説明します。
中国ビジネスの頃からのコラムの愛読者は商材を変えて以後も一定数は引き継いでいるということです。
ここでコンテンツ開発する時の注意点は、コンテンツを深める行為はマーケットにつながった時点でいずれは生きるということです。
逆に言えば、いいものを持っていてもそこまで至らずに挫折というケースの方が多いのです。

話は戻り、商材を海外進出から補助金申請に変えたころに戻ります。
当初のサービス集客スキームは以下の通りでした。

まだ、この時点で売り上げには全く繋がっていません。

ＰＶ数はもともと事業主の関心のある分野だったので２～３倍に上がりました。

まだ、階段が粗いことに加えて、中間の階段のセミナー実施は、セミナー主催者である会議所、金融機関などにアプローチしていたので、マーケテイングの対象先がすれ違っていたのです。Ｂ２Ｃで統一しないと行けなかったのです。

ここで、情報商材の登場になる訳ですが、当時は対事業主向けの商法商材というものはなく、私自身がその知識がありませんでした。

では、どこから着想を得たかというと京都府の運転試験場の付近にある学科試験の「虎の巻販売所」でした。

見よう見まねで有料マニュアルを作ってみました。無料レポート作成のノウハウも勿論生かせました。

なぜ、すぐ作れたかというとコンテンツがあったからです。

しかし、作成後にネットに販売情報を晒しても「こんなもの買う人いないだろう」というのが本音でした。

ここで、買う人が現われて状況は一転するのですが、ここでは、まず、メイン商品のものづくり補助金マニュアルではなく、創業補助金の申請マニュアルを個人のベンチャー志向の人が買ってくれたのでした。

これも後で知ったことですが情報マニュアルとういうのは、個人の世界の方が一般的になっているということです。

中小企業を対象にしながら、創業志向の個人に救われた結果となりましたが、購入者が現われた時は、信じられないという思いと、これはひょっとするかもというブレイクの予感の両方がきました。そこからは、ものづくり補助金マニュアルが売れに売れ、堰止まっていた水が流れ出す様に全てが回り始めました。

ここで、質問をいたします。

私が、この流れの中で有料マニュアルを思いついたのは偶然なのでしょうか？

必然だ、と思う方の方がビジネス機会は巡ってくるでしょう。

コンテンツがありさえすれば、このように、ツールを変えての販売というのは試行錯誤するものです。

しかし、元になるコンテンツがなければ、０は０のままです。

だからこそ、コンテンツの方が集客スキームより上位概念なのです。

魅力のあるコンテンツを開発すればマーケットに通じるのは時間の問題とも言えます。

しかし、コンテンツを開発するまでに至らず、挫折して辞めてしまう人の方が圧倒的です。

話を戻します。

階段スキームを

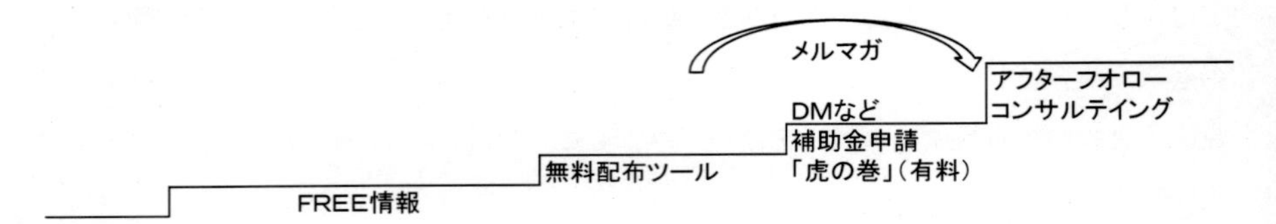

として、受注が入り出して回り出すと、直ぐに有料のメールサポートのステージをつけ、次に促進剤としての動画配信（閲覧無料）を開始しました。

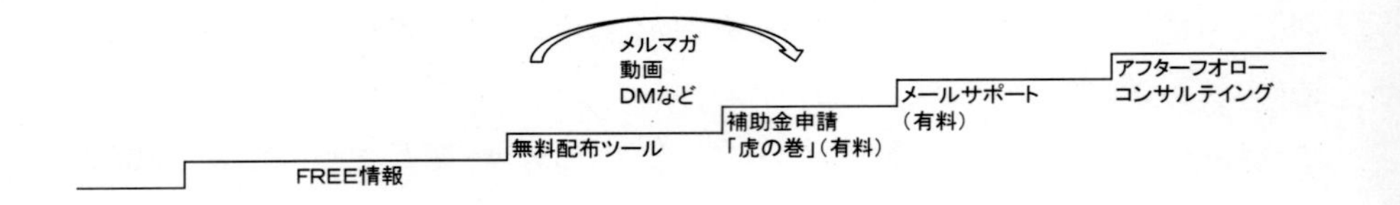

この他にも以前より週２回のメルマガ配信は続けていました。

これらは、このようなスキームを作る人ならば容易に閃くスキームです。

そして、メールサポートから最終段階の訪問に繋げて行きました。

次の岐路を説明する前に、ここまでの気付きを纏めます。

・最終ステージの訪問してのコンサルテイングは次の商材開発への取材の意味合いがある。

・フリー情報配信とメルマガ配信には商材を買って貰う際の事前教育機能がある

次に事業拡大の指標を売上高から獲得メールアドレス数に変えました。

焦って売上拡大を図るよりリーズナブルな価格にしてリピート購買を狙う方が戦略としてマッチしていると思ったからです。
これも重要なポイントで焦って水揚げを上げようとすると一瞬売上は上がってもリピートの購買ためのリストの意味がなくなります。
その悪いパターンに陥っている人たちが多くいます。

この段階で業界との軋轢が始まりました。（私は様々な業界に属していますがどこことは言いません）
まず私の方が業界団体の集まりには全く行かなくなりました。
これには
・このような時期にはネットで網を広げることにより受注がどんどん増える感覚になり時間がもったいないという感覚になりました。（ネット関係で事業で火が点くと多くの人はこのタイムイズマネーの感覚に目覚めます）
・業界の会合の内容が儲ける話とは関係ないあるいは逆行する
ということになります。
これはどのような業界でも同じような状況があると思います。
この段階で学んだことはユニークなポジションを取れば会合には行かなくても噂がひとり歩きして活動ぶりは伝わっているということです。
この段階であからさまに嫌味を言ってくる人も出てきました。
「申請ノウハウをマニュアル化していること自体がコンサルタントの倫理に反しているのではないか」というおかしな意見を言ってくる人もいました。
それは私の新たな手法が従来通りのやり方でやっている人の利益と相反するからです。
例えばものづくり補助金で私のやり方でやって貰えばメールサポートも入れて3万円以下の費用でできるものが通常のコンサルティングに置き換えると着手金が20万から30万、成功報酬が補助金額の10%というのが相場でした。
ものづくり補助金1,000万コースではなんと成功報酬は100万円です。
この流れで読んでいただくとわかると思うのですがここまで来たからには私も引くことはできません。

逆に言うと非難してくれる人達がの声が応援コールをしてくれているようにも聞こえてきます。顧客な望んでいることなのいどのように反しているのかを聞いてみると非難する人にも明確な答えはありませんでした。
今から思えば最もやる気を出させてくれた事件として今では皮肉で言っているのではなく、感謝しています。こういうことは奮発材料になるのです。
要するにそのような声が聞こえるということは独自性のあることが出来ているという証明にも繋がっているということです。
また、覚えておいて欲しいのはこのように業界に逆行すると言うことをすると非難する人が出てくると同時に、既存の業界と逆のポジションを取るが故に熱狂的な支持者もそれ以上に出現すると言うことです。これが顧客の声であり、事業の命綱です。
ですからポイントはこのような非難に耐えられるかということではなく、業界と全く違う方向に行く孤独感に耐えられるかということです。こ分かりやすい言葉で言えば釣りのポイントを探し最初の当たりが来るまでの孤独に耐えられるかということです。れは死ぬ気でないと耐えられません。それは、極言すれば、最初の一歩です。売上が上がりだすまでと言うことです。
それは、そうでしょう。釣れ出したら、孤独でも動かないでしょう。逆に一人で魚を独占のうまみさえ出てくるのです。
次の大きなターニングポイントを説明します。
顧客は拡大し全ては順調に思えました。
次のターニングポイントとはマーケティングパラノイヤになるなという所で説明したことです。
2016 年まではA／Bテストを繰り返し事業を拡大してきたのですが、この市場はもうこれ以上広がらないのではないかと危機感を感じるようになりました。
・マニュアルを見ながら自分で申請書作りをできる人はニッチな層なのではないか？
・バブル的な人気を博していたものづくり補助金もリピート活用者ばかりが増え申請数が落ちていくのではないか？
という恐れです。実際減少に向かっています。
仕事の受注量自体は 2013 年から 2015 年にかけて、伸びていましたが思い切って方向転換を模索しました。

取り扱い種類として厚生労働省の助成金も取り扱うようにしました。

当社の趣旨に賛同して動いてくれる人をエージェントとして契約しました。

厚生労働省助成金の方はものづくり補助金に比べて補助額は落ちますが、全業種で適用可能なこと、商工会議所などであまり宣伝されない、まだまだ未開の分野であることなどが魅力でした。

これは半年のランニング期間があったものの見事にはまりました。

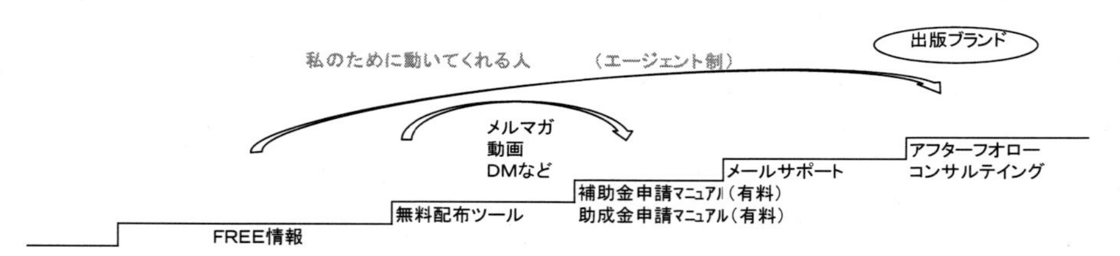

エージェントとして動いてくれる人はもともと当社の熱烈なファンであり、その意味でリストが最大限有効に活用できました。

そして2017年には経済産業省補助金、厚生労働省助成金の双方の申請ノウハウを、事典化かした本を出版することにしました。

それが経営者勉強シリーズ第1巻の補助金・助成金獲得の新理論です。

これはエージェントが仕事をしやすいように当社をブランド化するという事を狙ったものでもあります。出版は内容的には既に有料マニュアルという形でより高い価格で販売していましたので、その売れ行きから見ると逆行する流れなのですが、「マーケテイングパラノイヤになるなかれ」と自分に言い聞かして出版によるブランド化に踏み切ったのです。

サクサクと読めたり、手っ取り早く儲かるという話とは逆行する従来通りのオーソドックスな戦略の本です。

しかし、これによりしっかりとした認識のお客さんのみが購入しますので、レベルの高いお客様のみに当社に関心を持って貰うというメリットがあります。

加えて、総合的なブランドの向上が狙いで、この関連で東京拠点の要望が強く、東京の丸の内にサテライトオフィスも設けました。

このプロセスを読まれて、ひとつ感じて欲しいことは

・中国ビジネスのスキームが失敗してから次のビジネスへの転換

・ヒットした商材の雲行きがおかしくなってからの次のスキームへの転換

と追い込まれてから生き残りをかけて商材を模索している。そして追い込まれてアイデアが出ていると言うことです。

これは、いわゆる成りあがった人が書いた成功本でブレイクする前は同じように苦境期を通り越しているケースが多いことに繋がります。

これは、偶然では無くて必然です。

人は苦境に陥ると、次の手を探るために頭の中で知恵を絞り最大限の努力をするものなのです。

何が言いたいかと言うと、現代のビジネスで必要なのは資金では無くて、アイデア、あるいは知恵であると言うことです。

ここで、求めるものが補助金にすり替わってしまうと、それを得た時点で頭が戦略を策定する努力をやめてしまい肝心の目的である事業の転換の方が成しえないのです。

そこで、このケーススタデイには補助金・助成金は関係ありませんと前置きした理由が分かると思います。

また事例トータルで言うと、

・商品コンテンツと戦略のマッチング

・集客戦略がユーザー（消費者）のツボを踏む

ということです。

一番大切なことは、これが世の中の役に立つんだと言う信念を保ち続けることが出来るかということです。

第１５章　STORY　未来の釣り糸

１

この海の畔の草むらで拾った釣竿のみで・・・

この東京の濁った海で・・・

ホームレスなんていとも簡単になれるものだな、と一子は思い釣竿を握った。

３カ月前にはある店舗のオーナーとして事業していたのに、それが遠い昔のように思えてくる。

一子がホームレスになったのは例の大地震で実家が倒壊し、両親が死んでしまい、帰るところを無くしてしまったのが理由だった。

いや、地震の責任にするのは、あまりに勝手だ。自分の事業が資金繰りに詰まり仕入資金も給料も払えなくなり、店舗をほおって夜逃げしたのだ。

逃げている状況なのでアシがつくことを恐れ、ハローワークにも求職に行けなかった。

釣竿に力がかかったと思ったのは錯覚だった。

引き揚げた釣竿に餌は付いていなかった。

喰い逃げされたわけでなく、最初から餌は付いていないのだ。

２

職を失ってから２カ月で、ホームレスとなった。

手持ちのお金が尽きればネットカフエで、夜を過ごすことも出来なくなった。

ホームレスになって、不幸中の幸いは季節が冬でなかったことだ。

お金がなくなると住むところどころか食べるものさえ買えないことを改めて実感した。

ふらふらと海の畔を歩き、疲れて休んでいたら釣竿が捨ててあるのに気がついた。

昔なら気がつかなかっただろうその釣竿
餌の付いていない釣竿を垂らす。
２時間、何も釣れなかった。
４時間、やっと釣竿がぴくりと動き小さな魚が釣れた。
結局、それ一匹だった。
夜、橋の下で、ホームレスをしているおっちゃんに、次の日に釣れたら１匹渡すと交渉してコンロとライターを貸してもらい、それを焼いた。
２日振りの食はやはり旨かった。
それから一子の自分に対しての反撃が始まった。

３
それから・・・
起きている時は全て釣り作業にあてた。
何せ、食べるものが尽きれば、飢えて、体が動かなくなる。その恐怖を一子は知った。
一日３匹、４匹と捕れる様になった。
餌も近くで捕れた虫、ミミズなどをつけての実験を始めた。
夜に他のホームレスのところに行き、他の食糧と交換するようになった。
まさに物々交換の世界
定期的に持って行くようになると、様々なお裾分けも貰えるようになった。
「こんなもの使いようがない」と女性のスクール水着まで貰った。
それでも夜はダンボールにくるまって寝る哀れな生活
普通に部屋で寝ることがいかに幸せな生活であったかが分かった。
魚の方はこれで、捕れる量が増えるかと思ったが最高７匹程が精一杯
それくらい釣れると油断が出るのか、また次の日は４匹程になる。
壁だ・・・一子は思った。これでは、いずれ、数カ月生き延びても冬に入れば凍死してしまう。
風呂に入っていない体の臭さも限界まで来ていた。
釣るポイントが悪いのだろうか？

もう少し沖まで行ってみようか？しかし、服が濡れ作業の後に凍えてしまう。
貰った水着？・・・橋の下でスクール水着に着替え、少し、沖に入ってみた。餌のミミズの入ったバケツを持って・・・
少し沖での釣り、２時間で４匹、海辺とそう変わらない。
後ろの方で騒ぎを感じ振り向くと、上の道路から高校生がこっちを見て笑っている。
そんなにこの恰好が滑稽なのだろうか？
戻ろうかとも思ったが自分の食糧がかかっていることを思いやめた。
勝手に笑え！哀れめ！
沖に出ても最高記録の７匹は超えられなかったが次第に地域のホームレスの間で一子は名が知れるようになり、様々な専門家が寄ってくるようになった。

4
まずは、同じ釣り師・・・だが、漁船で大漁が狙えるところまで出ているようだ。
「姐ちゃん、なかなか腕は上達したな、でも、こんなとこで釣っていてもあかんで、わしの舟でええところまで一緒に連れていってやろ、ただでは無理やけどな、まあ〜釣れた分の半分くらいを貰おうかな」
半分？それは取り分が多すぎないか？と一子は思った。
これには即答しなかった。
なかなか目つきの鋭いおっちゃんだった。
次に来たのは竿師で、魚売り師というのを一緒に連れきた。
「その素人用の釣り竿ではあかん！これ見てみ、持つところもしっかりしているし、しなり具合も最高やろう！お金？お金ないんやろう？この魚売りさんがＴ市場で換金してくれる。一カ月間、それの４割貰うので済ましたる！」
すると、横で聞いていたその魚売り師が小さな声で、「姐ちゃん、（一子が釣った魚を指差し）それＴ市場でそこそこで売れるんや、１匹――円でどや？」と聞いたその価格は夜ホームレスたちと物々交換する価格と比べるとそう高くはなかった。
これにも一子は即答せず考えると返答した。
夜、一子は段ボール紙の上で考えた。

今、壁があり限界に来ている。釣る場所を変えるべきか？釣り竿を変えて、装備を整えるべきか？
いずれにしても、そういう商売の発展形を考えねばならないのだろう？
事業主だった時代、何かの本でそういうことを読んだ気がする。あのビジネス本は・・・
「僕は君たちに釣竿を配りたい！」だったか？
もやもやと、考えたが結論は出なかった。
やけに蒸し暑いその日、そのまま寝込んだ一子は、うなされて夢を見た。

5
昔の不自由ない衣食住生活の時代の夢だった。
なぜ、あのお金を、服を、水を大切にしなかったのか？後悔だらけだった。
昔、母に連れて行ってもらった遊園地を思い出した。
手をつないでいる母は知らぬ間にお婆ちゃんに変わった。
お婆ちゃんにも可愛がってもらった。
頼ろうにももう死んだ。
なぜか、お婆ちゃんには、古い演芸館によく連れて行ってもらった。
お婆ちゃんが好きだったのだろうか？
漫才師が前にいる。
相方に眼鏡を外された芸人が「メガネ、メガネ」と言って探す光景に、哀れな可笑しさを感じ一子は笑った。
相方が「君とはやってられんわ」拍手

トリで出てきたのは老婆？
いや、当時、大人気だった「お蝶」さんだった。
一人で高座に上がり観衆の視線を一身に集め、場内を見渡してから、ゆっくりと話し出す。
すごい！なんなのだ、このオーラは？
話は世間話のような、他愛無いものなのだが、なぜか聞き入ってしまう。

観客全員が聞き入っている？と思ったら回りは誰もいない？お婆ちゃんも

照明が当たっているのはお蝶さんと、一子？

「え！」

上品なお蝶さんの顔はしわだらけの老婆の顔に変っていた。

「おまえ、何勘違いしとる？」

「魚をもっと釣るのに何かいい方法はないかと思って・・」

「もっと釣る？今やっていることにもう満足できたんか？」

「出来た！」

「一日何匹釣れてる？」

「平均５匹程」

「それでやっていけるんか？もともと稼ぐところまでいってへんのやないのか？」

「でも、何かしないと」

「考えることはいくらでもある！よう考えてみ！おまえ！」と一喝されて、一子は夢から覚め飛び起きた・・・

6

一子は悪夢？の意味を考えた。

今のままで大きく動かず、今のやり方を極めると言うことだろうか？

そう思えば何かをつきつめてやったことは今まで一度もなかった。

その結果が今の境遇だ。

考えろ。やり方？

釣るポイント、餌、竿の握り方、糸の垂らし方

竿の引き上げ方・・・いくらでもある試すべきこと

夢の中の師匠、お蝶さんに一子は感謝した。

あれはメンター？

夢の中の風景は自分の深層心理を映し出したのではないだろうか！

お蝶さんの言葉は自分の「直感」なのだろう？

人は迷うと人の言葉を欲したがる。
メンターを探す、セミナーを聞きに行く。すべて自分の心の弱さだ。
しかし、決めるのは自分でしかない。

「あれは自分の希求心の言葉だ！」

しかし・・・リスクはないのだろうか？
このまま大きく動かず実績が上がらなかったら、やがてこの生活は寒さで凍え死ぬ。
しかし・・・
それこそ、がんばれる要素ではないのか？
いや、割り切ろう。もし、そうなったらそうなったで死んでもいい仕方ないと

そう決意がつくと、決断すべきことがもうひとつあった。
次の日に一子は動いた。

７
一子がしなくてはならないこととは提携依頼者への返答だった。
船で漁場に連れて行ってくれるという釣り師には丁重に断った。
竿師にも、今はこの竿での釣りを極めたいと断った。
しかし、魚売り師には、市場での販売を一子から申し出た。
戦略が決まったことにより、これ（漁）に専念すべきだと言う答えはすぐに出た。
困ったのは、魚売り師は、竿師の紹介だったことで、当初は竿の購入とセットで申し出られたことだ。
これについて、一子は魚売り師に申し出る前に、竿師に素直に謝った。
すると
「ええよ、ええよ、姐ちゃん、まじめな性格やな、気に入った。またうまいこと言ったらわしの釣竿も買ってな」
こういう筋道は通さねばならない。と思いながらもホームレスになってこういう商売仁

義を考えている自分がおかしかった。
しかし、こういうことはしっかりとしなくてはならないと直感したのだ。
魚売り師には、毎日、一定の時間に釣り場に取りに来てもらうことを願い出た。
マージンの交渉はまずは、Ｔ市場で売れた値段の１０％で頼みこんだ。
現金が回るようになったら一子から先に手数料を払うことにした。
やはり考えられる全ての手を打つことによりじわじわと確実に日に捕れる収穫量は増えていった。
一子は何かに賭けた人生を送れるようになった。
一本の捨てられていた竿を握りしめて、一子は誓った。
これで生きていく。
自分の腕で、自分の金で、もう一度、家のある普通の生活を取り戻す。
そして、自分の力で故郷に帰るのだ。
一子は水面をみつめぐっと力を込めて竿を投げた。
水面に釣り糸が揺れる。

見つめる水面はきらきらと輝いていた。

Fin

女性起業家の姿よりビジネスの本質を見つめる「ラ天使のエチュード」シリーズより（本作、初稿は２０１２年）

おわりに

まず、これから来る時代に対して当たり前の危機感を持つべきです。
悲壮感を持つ必要はありません。
普通の危機感という言葉に込めた所は、正しく時代脅威を捉えようという意味です。
地方の一県分の人口が減っていく時代に際して、ロジックで考えていくと、本書で提唱したように
・ネットでつながっている時代のメリットを生かし、
・日本全土を商圏として
・特定ニーズに特化して
・少人数スタッフでレバレッジを効かして
展開していくという方法しかありません。
これは、大企業でも企業内ベンチャーで出来ないこともありませんが、機動力という面で、大きな固定コストを抱えている大企業より機動力を生かせる中小企業、特に小規模企業の方が有利なのです。
そこで、火が点けば無暗に企業規模を大きくするより、その儲かるユニットを広めていくＦＣ展開です。
また、会社において、複数のビジネスのコアを持つことを試行していってもよいでしょう。それ程に、不確実で、商品サイクルが短命化している時代です。
その時こそ、稲盛さんの提唱する「アメーバ組織」での収益管理をしてください。
このような戦略思考なしでアメーバ組織での収益管理をしてもそれは無意味です。

しかし、光る商品コンテンツが必要なことは最終章に書いたとおりです。
これは誰しも我が身を振り返ってみれば、価値のあるものにしかお金を投下しないというのは分かると思います。
このような感覚は大切で、これならさすがに自分でもお金を出すなと思うところまで商品の魅力を引き上げてください。

地方で、営業マンが１対１で局地戦という弱者の法則（ランチャスター理論）も見直すべき時が来ていると思います。
それ程の人口減と消費不況が襲うということです。
逆にネットツールで全国発信して、販売し回収するという方法についていは、ＳＮＳを含む各種のツールのコストが低下してほぼフリーで出来ると時代になりました。
しかし、だからこそ商品コンテンツ勝負の時代になって来ているのです。
正に光るコンセプトがあれば、ダイレクトに消費者に提示できる時代になってきたのです。この機会を生かすためにも本書を熟読して、集客の発想を転換してください。

御社の戦略が光り輝くことを祈念しています。

今回は以下の文献を参考にさせていただきました。

秒速で１億円稼ぐ条件　与沢　翼　フオレスト出版
秒速で10億円稼ぐありえない成功のカラクリ　与沢　翼　ＳＢクリエイテイブ
挑戦する会社　神田　昌典　フオレスト出版
データ・ドリブン・マーケティング　マーク・ジェフリー　ダイヤモンド社
コールセンターの上手な運営法　安藤栄一　同文舘出版
総務省統計局　２０１６年　家計調査年報

ものづくり補助金情報中心
経営革新支援認定機関
中小企業診断士・社会保険労務士
西河　豊

大好評の既刊「経営者学習シリーズ」

補助金・助成金獲得の新理論	中小企業経営戦略の新理論
～各種申請書のモデル記入事例解説～ もうコンサルタントに頼まなくても申請書作成ができます！  ３０３ページ 定価　2,500 円＋税	～リスク低減のための８戦略～ 従来のマーケティング理論は もう通じない！  ２１４ページ 定価　1,850 円＋税

次巻発売予告！

本書にて、新理論シリーズは完結の予定でしたが、当社の新理論に賛同されたコンサルタントの方から是非、自分の得意分野を共著でという提案がありました。

そこで２０１８年はともに仮題ですが**「ヘアーサロン経営の新理論」**、**「人材活性化の新理論」**を発刊する予定です。ヘアーサロンを皮切りに業種別の展開も考えています。

なお、この企画のように

・戦略の基本路線で当社と一致する

・アピールしたい得意分野がある

以上の場合は、共著の相談に乗ります。よろしくお願いします。

【好評の読者への２大プレゼント】

本書の読者の皆さまへ、感謝を込めてプレンゼントいたします。

１．愛読者プレゼントサイト

著者自身が本書の内容を更に掘り下げて解説する動画・音声をプレゼント！

下記のＷｅｂサイトにアクセスしてください。

https://wazxx.jimdo.com/

２．２０１８年　２月発刊予定「ヘアーサロン経営の新理論」（仮題）

　　２０％ＯＦＦ＆予約確保券 ＿＿＿＿＿＿＿＿＿＿＿＿

〈お問い合せ先〉

西河経営・労務管理事務所／ものづくり補助金情報中心(センター)

　　　　代表者　西河　豊

tel ：075-957-1487

fax ：075-957-1487

〒618-0091　京都府乙訓郡大山崎町北浦２－６，１－４０３

※特典１のダウンロードサービスは、予告なく終了する場合がございますのでご了承ください。

著者略歴

西河　豊（にしかわ　ゆたか）

職歴：1959年　京都府生まれ
1984年4月～2000年2月金融機関勤務
その間1991年から1996年までシンクタンクの研究員として出向
2000年独立開業
西河経営・労務管理事務所、ものづくり補助金情報中心(センター)代表
山崎の合戦とサントリー蒸留所で知られる大山崎町商工会会長

資格：中小企業診断士、社会保険労務士、経営革新支援認定機関

執筆：「それでも、小売業は中国市場で稼ぎなさい」中経出版　2012年
「オタクCHAT殺人事件」文芸社　2013年
「補助金・助成金獲得の新理論」三恵社　2016年
「中小企業経営戦略の新理論」三恵社　2016年

学歴：大阪外国語大学　中国語学部（現大阪大学　国際学部）

経営者勉強シリーズⅢ
集客の新理論
～レバレッジ経営が生き残りのカギ!～

2017年12月 1日　　初 版 発 行

著 者　　西 河　　豊

定価（本体価格1,700円+税）

発行所　株 式 会 社　　三 恵 社
〒462-0056 愛知県名古屋市北区中丸町2-24-1
TEL 052 (915) 5211
FAX 052 (915) 5019
URL http://www.sankeisha.com

乱丁・落丁の場合はお取替えいたします。
ISBN978-4-86487-763-3 C2036 ¥1700E